U0360095

全球领导力

卓有成效的倾听术

如何运用沟通型领导力提高绩效

THE
LISTENING
LEADER

How to Drive Performance by Using
Communicative Leadership

［意］ 埃米利奥·加利·祖加罗（Emilio Galli Zugaro）
克莱门蒂娜·加利·祖加罗（Clementina Galli Zugaro） 著

慈玉鹏 译

机械工业出版社
CHINA MACHINE PRESS

Emilio Galli Zugaro, Clementina Galli Zugaro. The Listening Leader: How to Drive Performance by Using Communicative Leadership.

ISBN 978-1-292-14216-6

Copyright © 2017 by Pearson Education, Inc.

Simplified Chinese Edition Copyright © 2023 by China Machine Press.

Published by arrangement with the original publisher, Pearson Education, Inc. This edition is authorized for sale and distribution in the Chinese mainland (excluding Hong Kong SAR, Macao SAR and Taiwan).

图书在版编目（CIP）数据

卓有成效的倾听术：如何运用沟通型领导力提高绩效 /（意）埃米利奥·加利·祖加罗（Emilio Galli Zugaro），（意）克莱门蒂娜·加利·祖加罗（Clementina Galli Zugaro）著；慈玉鹏译 . —北京：机械工业出版社，2023.8

（全球领导力）

书名原文：The Listening Leader: How to Drive Performance by Using Communicative Leadership

ISBN 978-7-111-73678-3

I. ①卓…　II. ①埃…②克…③慈…　III. ①领导学 – 人际关系学 – 研究　IV. ① C933.2

中国国家版本馆 CIP 数据核字（2023）第 153904 号

机械工业出版社（北京市百万庄大街 22 号　邮政编码 100037）
策划编辑：华　蕾　　　　责任编辑：华　蕾　　王　芹
责任校对：薄萌钰　梁　静　责任印制：刘　媛
涿州市京南印刷厂印刷
2023 年 11 月第 1 版第 1 次印刷
147mm × 210mm · 9.875 印张 · 1 插页 · 172 千字
标准书号：ISBN 978-7-111-73678-3
定价：69.00 元

电话服务　　　　　　　　　网络服务
客服电话：010-88361066　机　工　官　网：www.cmpbook.com
　　　　　010-88379833　机　工　官　博：weibo.com/cmp1952
　　　　　010-68326294　金　书　网：www.golden-book.com
封底无防伪标均为盗版　　　机工教育服务网：www.cmpedu.com

献给海迪（Heidi）、菲亚梅塔（Fiammetta）与法比奥（Fabio）

CONTENTS

目　录

PRAISE

PRAISE

推 荐 语

如果你感到一切进展得太快，如果你感到压力重重，那么请拿起这本书，到一个安静的角落阅读若干段落，你会逐渐平静下来。本书不仅可以让我们这些体面人 重新认识熟知的事物，而且提供了非常有力的证据证明我们一直是正确的，还指出了帮助我们把工作做得更好的明确的方法。希望本书的真知灼见不要被滥用。

迈勒·坎贝尔公司联合创始人兼教员、

前外交官与国际银行家、心理学家与作家

安妮·斯库拉（Anne Scoular）

对许多人而言，一个难以忽视的真相可能是：成功的领导者必须不仅仅是优秀的管理者。这本杰出的著作表明，沟通型领导力可以引导你成为成功的领导者。

德国证券交易所董事长

约阿希姆·法贝尔（Joachim Faber）

这本绝佳的著作介绍了一种强大的新型领导方式，我强烈推荐想要开创丰功伟绩的首席执行官们阅读。

舍弗勒集团首席执行官

克劳斯·罗森菲尔德（Klaus Rosenfeld）

要想获得长期商业成功，请切记：信任始于倾听。

TÜV 南德意志集团董事长兼首席执行官

阿克塞尔·斯特普肯（Axel Stepken）教授、工程学博士

本书会带领你踏上未来管理沟通世界的旅程。本书通俗易懂，概述了有效的"沟通型领导力"的前提：信息、沟通、赋能、授权、行动，并通过真实的例子探讨了每个方面，这些例子体现了专业人员丰富的企业沟通经验。

安联集团[⊖]公司治理发言人

马里奥·吉艾（Mario Ghiai）

㊀ 安联集团，全球最大的金融服务集团和保险公司，于 1890 年创立，总部位于慕尼黑。——译者注

对每位沟通人员和领导者而言，这都是一本有趣的著作。最吸引我的是，通过本书，沟通典范埃米利奥使其优秀的品格超越生活，变成了文字。

勃林格殷格翰公司媒体与公关部门主管

尤迪特·冯·戈登（Judith von Gordon）

彼得·德鲁克有句名言："管理是正确地做事，领导是做正确的事。"现如今，领导往往意味着重新思考一家企业整体的商业模式，要求高管倾听所有利益相关者的意见，以便从社会领域赢得宝贵的"经营许可"。关于领导者如何做到这些，本书提供了大量宝贵的建议。

德意志银行董事长

保罗·阿赫莱特纳（Paul Achleitner）博士

这是一本精彩著作。作为企业领导者，若你想要走出客户信心低迷但参与期望高涨的新两难困境，那么不可错过这本书。

FTI 咨询公司[⊖]全球战略沟通首席执行官

爱德华·赖利（Edward Reilly）

⊖ FTI 咨询公司（FTI Consulting），全球顶级管理咨询公司之一，于 1982 年创立，总部位于华盛顿。——译者注

在社交媒体赋权每个人的时代，领导者取得成功的难度非常大。本书指导年轻的和成熟的领导者，一个貌似简单的技巧——倾听利益相关者的意见会创造奇迹，有助于取得成功。

《福布斯》《星期日泰晤士报》评选的社交媒体领域
最有影响力的50人之一，
麻省理工学院意见领袖、TedXster项目参与者，
屡获殊荣的社交销售平台SoAmpli的创始人，
马兹·纳迪姆（Maz Nadjm）

在本书中，作者提供了简要的规则与精彩的故事来帮助领导者与利益相关者建立联系。为了赢得利益相关者的支持，领导者必须从倾听开始。要理解如何倾听——真正地倾听，请阅读本书吧。

阿瑟·佩奇协会[⊖]会长
罗杰·博尔顿（Roger Bolton）

这本精彩著作提供了一个宝贵机会，让你可以通过有关领导成败的真实例子学习。一旦错过，后果自负！

⊖ 阿瑟·佩奇协会（Arthur Page Society），全球领先的公共关系与企业沟通主管专业协会，于1983年创立，总部位于纽约。——译者注

作为一名高管，丰富的经验、深刻的自我反省、真心帮助下属提高工作绩效的意愿，这些都与"有抱负的领导者"（The Aspiring Leaders）一代的观点相一致。本书生动模拟了不同世代的领导者应该开展的对话。

本书既令人警醒又令人振奋！阅读本书后，你将没有任何借口不知道当今世界对你的期望，你也将清楚自己的奋斗方向！

欧洲管理技术学院[⊖]领导力发展研究中心主任、教授

康斯坦丁·科罗托夫（Konstantin Korotov）博士

当今领导者面临的关键挑战是如何应对近年来出现的信任危机。本书认为，通过让利益相关者参与决策并进行授权，沟通型领导力是最有希望重获并维持信任的方式之一。这是一本高级管理人员的必读书，它最终会让他们明白沟通的真正力量。

德国达姆施塔特应用技术大学公共关系教授

拉尔斯·拉德马赫（Lars Rademacher）博士

⊖ 欧洲管理技术学院（European School of Management and Technology），一家非营利性私立商学院，于 2002 年由西门子等 25 家企业共同创立，注重培养负责任的领导者。——译者注

埃米利奥是业内最优秀的沟通专家之一，其独特的洞见、情商与个性贯穿本书。现如今，可供效仿的领导力例子似乎更少了，而埃米利奥关于领导力的观点非常正确。请关注他的思想……本书包含大量值得学习的真知灼见。

eBay 公司首席沟通官

丹·塔尔曼（Dan Tarman）

这是一部鼓舞人心的著作，充满了真知灼见，切实尊重常识，并提供了便捷的实用工具。

sensation.io 网络公司联合创始人兼首席执行官

保罗·拉姆肖（Paul Ramshaw）

ABOUT THE AUTHORS
作者介绍

图片来源：© oliversoulas.com

埃米利奥·加利·祖加罗是位于米兰的 Methodos 管理咨询公司的董事长，在慕尼黑大学讲授沟通和危机沟通课程，并在柏林的欧洲管理技术学院讲授沟通型领导力课程。他曾担任多位高级管理人员和企业家的教练，并在慕尼黑的企业家精神中心担任导师。他还是 FTI 咨询公司在法兰克福的高级顾问。埃米利奥曾经在罗马市公共服务部门的沟通岗位任职，并担任《财富》(*Fortune*)、《经济周刊》(*Wirtschaftsiuoche*)、《独立报》(*l'Indipendente*)、《今日意大利》(*Italia Oggi*)、《意大利日报》(*Il Giornale*)、《金融经济报》(*Finanz und Wirtschaft*)、《欧洲人报》(*The European*)等媒体的记者。1992～2015年，埃米利奥担任安联集团沟通部门主管。他还是阿瑟·佩奇协会的成员。

埃米利奥热衷于培养领导者，尤其是那些在人员管理方面需要支持的技术专家。他被视为沟通型领导力领域的开拓者，该领域聚焦于赋能和授权领导者与员工。作为教练，他的辅导风格被描述为以成果为导向和诚实待人，他注重倾听，理解跨国经营的复杂性，特别是多样性及文化差异性。他在意大利、德国、美国的商业经历是解决跨文化问题的重要基础。他讲话率直，对众多高管产生了深刻影响。他的母语是意大利语，可以运用英语、德语以及意大利语从事咨询。此外，他的法语也较流利。

克莱门蒂娜·加利·祖加罗是埃米利奥的女儿，属于千禧世代[⊖]，拥有心理学和职业与组织心理学的教育背景，

⊖ 千禧世代（Millennial），又称Y世代，是指20世纪八九十年代出生的人。——译者注

向来对人充满好奇。克莱门蒂娜在行为金融、咨询、培训、工作坊共同引导等领域具有一定的工作经验，渴望理解人们的动机、行为的驱动力以及彼此的互动，从而帮助所有利益相关者提高绩效和产出。

The Listening Leader

How to Drive Performance
by Using Communicative
Leadership

引　言

> **培养沟通型领导力并成为倾听型领导者，可以促进成功**
>
> - 利益相关者对企业丧失信任，不再相信它们。
>
> - 利益相关者可以撤回企业开展业务所需的经营许可。
>
> - 上面一点会损害企业的销售额并降低企业作为雇主的吸引力。
>
> - 通过培养沟通型领导力并成为倾听型领导者，你能够在全新的社交媒体环境中取得成功。

　　本书阐述了如何以一种不同的态度来激发当前市场上利益相关者的热情，从而在全新的环境中处理管理者的所有传统工作任务。本书还探讨了有关当今如何经营企业、真正满足利益相关者的期望，并找到一种更有效率的方式来引导企业获得更高业绩和可持续的利润增长的理念。

　　我担心，如今的企业正以自身尚未完全意识到的速度失去公众支持。公众对企业失去信任，社交媒体赋权个人，这两项重大变化给商界带来了挑战，并因此挑战了传统的领导模式。

　　但请不要误会，这不是一本论述如何管理的书。上面关于本书内容的简单说明是我的妻子提出的，她也在管理岗位任职。关于如何管理，现在市面上已经有大量优秀著作。几乎所有商学院都在讲授最佳管理实践，它们已成为全球商学院课程的构成部分，并且多数大型企业都在企业大学和培训中心提供非常完善的管理培训。这就是本书刻意省略部分基础内容的原因，例如，如何运用目标进行领导、如何管理预算、如何管理企业中团队的日常工作等。对于传统的管理议题，包括在绩效不佳时如何做出艰难决策、在传统企业中如何晋升等，你也可以找到大量优秀著作。

本书面向所有对商业及领导力感兴趣的读者，尤其是首席执行官和其他最高管理层成员（包括被冠以"首席"的高层管理者：首席财务官、首席运营官、首席技术官、首席沟通官等）、各类企业的业务主管和行政主管、人力资源实务者和企业沟通从业者，以及对领导问题感兴趣的顾问和研究人员。

这不是一本学术著作，但采纳了许多研究成果，我们还讲述了许多有关领导成败的真实故事，以让本书通俗易懂。希望这会让你感到生动有趣。

作者简介

埃米利奥曾在安联集团负责全球沟通事务长达 23 年，此前曾在政界任职，并担任过多家媒体的国际记者。根据利润率和市值等多项指标，安联集团是一家全球领先的保险公司，有 14 万名员工 ^㊀，业务遍及 70 多个国家。该公司是全球五大资产管理企业之一，也是欧洲最大的机构投资者。目前，埃米利奥是一名商业教练、导师、作家与顾问。他是位于米兰的 Methodos 管理咨询公司董事长，也是 FTI 咨询公司在法兰克福的高级顾问。

埃米利奥的大女儿克莱门蒂娜拥有英国巴斯大学（University of Bath）心理学学士学位、马斯特里赫特大学（Maastricht University）职业与组织心理学硕士学位。克莱门蒂娜出生于 1992 年，每章的最后都从她代表的千禧世代的视角出发提出了某些观点。为此，她与同属千禧世代的其他人进行了交流，从而收集更广泛的"世代"观点来迎接领导力的挑战。她曾在安联集团的行为金融中心、企业评估与发展咨询公司 SHL、社交媒体咨询公司 SoMazi 工作，拥有丰富的专业经验。

公众对企业失去信任

当今世界，一种最重要的商品就是信任，过去 30 年中，我们目睹信任的价值发生了结构性转变。有人称之为"信任危机"。[1] 信任危机对所有机构都造成了严重影响，最

㊀ 中国人民银行国际司信息公布，安联集团拥有超过 18 万名员工（截至 2008 年 6 月 30 日）。——译者注

明显的表现是人们对企业失去了信任。

爱德曼公司（Edelman）是全球领先的公关企业之一，它自 21 世纪初开始收集来自世界各地的数据，采访意见领袖和决策者，并把相关信息整理为年度《爱德曼全球信任度调查报告》（*Edelman Trust Barometer*）[2]。在过去的 10 年中，这份报告让我受益匪浅。

在 2000 年初，大型组织（企业、媒体）及其领导者在技术和金融专家、"普通人"以及企业员工心目中丧失了信誉，普通员工甚至比首席执行官更有信誉。如果你看一下企业提供信息的来源，会发现信誉最低的是企业网站，几乎与广告和公共关系一样低。迄今为止，没有出现令人惊喜的例外——至少对笔者来说是这样。然而令人意外的是，首席执行官的信誉几乎与公关官员一样低，更令人意外的是，企业普通员工的信誉最高。

有句老话说，建立信任需要多年时间，而摧毁信任只需一瞬间。这句忠告翻译成商业语言就是，企业需要持续多年，花费数百万甚至数十亿美元才能形成良好的品牌信誉，然而一旦在资本市场上失去信誉，那么先前的所有投入都会被股价的大幅下跌抹杀。

研究已表明，当人们不信任某家企业时会发生什么（见图 0-1）。在不信任该企业的人中，48% 会立刻停止购买其产品或服务，并建议朋友们也这么做。

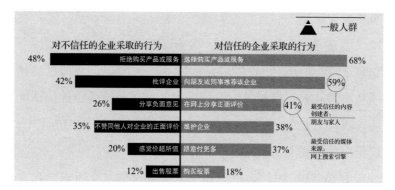

图 0-1　信任的重要性：参与调查者基于信任采取的每项
　　　　行为所占的百分比

资料来源：爱德曼公司授权转载。

社交媒体赋权个人

　　设想下述情境：机场的行李搬运工把飞机上某位乘客的吉他弄坏了，这位乘客打电话向一家全国性报纸的记者投诉。进一步设想，若该报的记者撰写了一篇相当重磅的头版文章，吸引了大量（例如 20 万）读者阅读会产生怎样的影响？当然，这纯属虚构。

　　但是并非虚构的是，歌手戴维·卡罗尔⊖乘坐美国联合

⊖　戴维·卡罗尔（David Carroll），即戴夫·卡罗尔（Dave Carroll）。
　　2008 年 3 月 31 日，他乘坐美国联合航空公司的航班，落地后发现托
　　运的吉他被严重损坏，此后卡罗尔一直寻求赔偿，但徒劳无功。2009
　　年 7 月 6 日，他在 YouTube 上发布了视频《联合航空砸烂了我的吉
　　他》。——译者注

航空公司的航班后，发现自己的吉他被搬运工损坏了。他在之后制作了一段视频，并在 YouTube 上发布。这段视频收录了他新创作的歌曲《联合航空砸烂了我的吉他》，讲述了 1 年来他为获得该公司的 3000 美元赔偿而付出的徒劳努力。迄今为止，该视频已被观看超过 1500 万次。在这种情况下，没有记者作为把关人[⊖]，美国联合航空公司的沟通官也没有机会干预并与记者达成某些明智的协议。卡罗尔自己就成了媒体，无须借助电视台、杂志或报纸。

《时代》杂志从 1927 年开始评选"年度荣誉男性"，后来更名为"年度风云人物"。2006 年的年度风云人物是"你（是你，你控制着信息时代）"。《时代》杂志认识到了互联的普通公民的出现。只需一台电脑，他们就能让政治人物、企业难堪。

建立信任关系需要耗费多年时间，但摧毁它只需要 1 秒钟，而且可能只要 1 个人就能做到。这个人所需的只不过是一部智能手机或一台电脑。

如果你认识到上述两个趋势[⊜]，那么结论显而易见：你必须与掌握权力的人（互联的普通公民）建立联系。实现

⊖ 把关人（Gatekeeper），泛指决定哪些信息应该传达、哪些信息不该传达的人，由美国社会心理学家、传播学四大先驱之一的库尔特·卢因提出。——译者注

⊜ 指公众对企业失去信任、社交媒体赋权个人。——译者注

该目的的最佳渠道并非通过首席执行官、公关人员或记者，你必须把唯一可信的资源（员工）转变为企业最重要的资源。你需要让员工倾听利益相关者的意见，并把他们的期望纳入决策，这样才能改变企业，并激发所有利益相关者的热情。你可能是雇主、领导者、产品和服务提供商、可信的企业公民等，你所在企业也可能拥有大量可购股票，但员工、客户、投资者、公共与私人社区只有在充满热情时才会向他人推荐你和你所在的企业。

这就是沟通型领导力的意义，而沟通型领导力需要倾听型领导者来实现热情的利益相关者的目标。

沟通型领导力的含义

当尝试把数年来的工作概念化时，我想到了术语"沟通型领导力"，它既可以指解释并践行企业沟通的一种新方式，又可以指一种新型领导理念。我采用这个术语，其含义超出了我在慕尼黑从事的工作，延伸至德国人的秩序意识。人们要求我给沟通型领导力下定义："它的清晰易懂的定义是什么？"给事物下定义是德国人的习惯，多数会议都会以严格定义即将讨论的事物为起点。我实在拗不过，于是把沟通型领导力定义如下：

沟通型领导力是同理心和积极倾听在企业内的表现，描述了一家企业具备的下述能力：转变为真正有效沟通的组织，具备同理心和包容型文化，能够听取内外部利益相关者的意见，从而推动决策过程，并因此确保企业内部有一个持续的转型和适应过程。

现在我进一步补充：

这个转型过程通过让利益相关者参与其中并确保获得他们的支持，来改进企业的战略。利益相关者的支持会转变为企业的经营许可。沟通型领导力是倾听型领导者惯常运用的方式。

倾听型领导者

倾听型领导者犹如一位船长，引领着改革并走向成功的美妙旅程。要做到这一点，领导者必须掌握下列5方面的技能：①信息，②沟通，③赋能，④授权，⑤推进变革。基于此，倾听型领导者能够打造一个真正具有同理心的企业组织，在利益相关者的热情支持下获得发展，而这些利益相关者会推荐企业的产品和服务，并把该企业视为可持续的投资、值得信赖的雇主以及负责任的企业公民。

关于信任的十条戒律

作为领导者的你以及你的企业，只有获得或重获信誉，并赢得利益相关者的信任，才能够踏上培养沟通型领导力的旅程。让我们看看如何实现这个目标。

我在慕尼黑大学工商管理系任教时，安德烈亚斯·彼特（Andreas Bittl）担任系主任的助理。安德烈亚斯决定撰写以信任为主题的博士学位论文。由于其导师（风险管理和保险学系主任）非常喜欢（且感激）他，才允许他选择这个明显属于异类的"哲学"问题作为企业管理专业论文的主题。有一天，我请他把论文主要内容转化为了常用语言。在此基础上，我进行了一定程度的加工，把300页的学术论文浓缩成关于信任的十条戒律。安德烈亚斯现在是一名成功的经理，若这十条戒律导致读者对他产生任何误解，那么责任全部在我。

具体如下：

1. 总是以身作则。你怎样看待下述场景：佯装正直的首席执行官在员工大会上深情流露，泣不成声地要求他的员工付出血汗和眼泪，勒紧裤腰带，降低成本，甚至还要接受不幸的裁员，会后他自己却冲到专用航站楼，登上飞机公务舱，打个响指要求空乘人员打开一瓶1988年的库克梅斯尼尔白中白香槟[⊖]，并为其供应大量刚从伊朗空运来的马洛索鱼子酱[⊜]作为航空餐。

2. 信任立足于能力、诚信、动机。缺乏任何一项，都无法建立信任。比如，你会信任一名非常诚实、极其愿意提供帮助，但对保险一无所知的代理人吗？缺乏诚信或动机会造成同样的结果。

3. EMMA。这个缩写词来自已故的沟通咨询行业传奇人物海因茨·戈德曼（Heinz Goldmann），它代表了与利益相关者（受众）进行任何互动之前需要考虑的 4 个方面。E 代表同理心（Empathy），指站在他人角度考虑问题的能力。第一个 M 代表动机（Motivation）。动机是什么？什么因素驱使着你的受众？他们想要学习、赚钱、编织关系网、保护环境吗？第二个 M 代表心态（Mentality）。你的受众是谁？他们是老年人还是年轻人，德国人还是土著居民？他们是否受过教育，健康还是残疾？他们是男性还是女性，他们是白种人吗？ A 代表分析（Analysis）。分析你的受众，尽可能充分地了解他们。如果条件允许，请直接询问并与他们互动。

⊖ 库克梅斯尼尔白中白香槟（Krug Clos du Mesnil Blanc de Blancs），一款法国顶级香槟，售价极为昂贵。——译者注

⊜ 马洛索鱼子酱（Malossol Caviar），一款顶级鱼子酱，马洛索是一个俄语单词，字面意思是"少盐"，马洛索鱼子酱是指用少于 5% 的盐来保存的鱼子酱。——译者注

4.**言出必行（可靠）。**阐明自己的立场，同时做到永远不撒谎。如果你做出了承诺，那么一定要遵守——不要做出无法兑现的承诺。请记住，可靠是一名领导者的主要优点，领导者不能反复无常。

5.**基于信任，建立并培养长期关系。**在许多文化中，家庭联系、部落或俱乐部纽带有助于迅速建立信任。在商界，背景截然不同的人彼此不断互动，他们建立信任的唯一方式是不断兑现承诺。要证明自己遵守誓言和承诺，往往需要数月甚至数年，而守时是一种检验方式，也是一种能够迅速赢得尊重的承诺。通常情况下，可靠性越高，信誉就越高，信任也就越容易建立。

6.**接受并承认错误。**为了帮助孩子建立自信，成长为坚强的成年人，父母能做的最重要的事就是在必要时承认错误。认为自己一贯正确的父母永远不会让孩子变得自信。那些不能承认错误，不能理解错误，不能解释错误，且不能在必要时道歉的政治人物和企业领导者，会造成同样糟糕的后果。接受并承认错误是真正的优点。

7.**顾及并尊重伙伴、竞争对手与利益相关者。**2008 年以来，美国保险业巨头 AIG 公司陷入困境，一家对手公司发布了下述广告，其核心意思是："AIG 的客户，到我们这里来吧。AIG 步履维艰，但我们蒸蒸日上，热烈欢迎你们成为我们的客户。"利用竞争对手的失败，羞辱它们并抢夺业务，这是多么卑鄙的做法啊！竞争是绝对必要的，但不一定要丧失风度。为了赢得信任，不能这么做。

8. 接受作为必要控制机制的监管与反馈。在一家企业中，恐怕几乎没人希望见到调查记者、内部审计人员，也没人希望合规官登门拜访以及监管者询问，或者更严重的情况，没人希望遭到州检察官问讯。但我会建议取消这些机制吗？绝对不会！因为当看到半满的杯子时，我能清楚地意识到还有一半是空的。所有掌权者都面临邪恶的诱惑。对某事上瘾有时会驱使人们犯罪——或许犯罪能够给人带来单纯的快感，所以这种情况是存在的。为了弥补人性的种种弱点，我们需要控制机制来监管，也需要获得关于重要事项的真正反馈。

9. 表达真实想法，说到做到。不要企图管理不同的议程：一种是公开议程，一种是隐秘议程。优秀管理者能够运用五种感官接收意见并聚焦于目标。始终坚持贯彻一种议程已经非常具有挑战性了，这就是为什么在不丧失必要深度的前提下最好尽可能简化议程。如果你增加一个额外维度（一个谎言或隐秘议程），那么就可能会混淆轻重缓急。年龄越大，就越难以记住不同议程。因此最好保持简单，表达真实想法，说到做到。

10. 己所不欲，勿施于人。企业环境由截然不同的文化构成，人们几乎不可能就广泛的价值观达成一致。我更倾向于遵循所谓的"黄金法则",后文的餐叉测试故事可以说明原因。

由于企业与利益相关者、管理者与员工的相互信任是获得优良利润的关键,所以上述十条关于信任的戒律可作为倾听型领导者的座右铭。

在现实中,一名年轻经理做出何种行为才会表现得像一名倾听型领导者?请阅读第一个故事。

餐叉测试

多年前,安联集团采用了一套可靠机制来挑选最有潜力的最高管理层成员。设想 1989 年,29 岁的你毕业于美国一所常春藤大学[⊖],并获得了牛津或剑桥大学的博士学位,自己创立了第一家公司,后来它以一笔可观的金额被收购。你会讲 7 种语言,现在决定加入安联集团,管理一个由 130 名成员组成的团队。突然有一天,你接到了集团首席执行官助理的电话。你从未见过此人,他犹如身处奥林匹斯山顶的云雾中,比你高出 7 个层级。这位助理邀请你携伴侣共赴美丽的巴伐利亚阿尔卑斯山区某处公司农场,开展为期 3 天的工作。他没有告诉你任何其他信息,仅仅说了日期。他不仅没说为什么你受

⊖ 常春藤大学(Ivy League university),是一个大学联盟,包括 8 所著名高校,分别为:哈佛大学、耶鲁大学、宾夕法尼亚大学、普林斯顿大学、哥伦比亚大学、布朗大学、达特茅斯学院、康奈尔大学。——译者注

邀而隔壁的同事没有受邀，也没有说你的同事中谁将参加以及谁做东。当然，你猜想可能是首席执行官做东，否则为什么他的助理会参与此事呢？在那里，你们花了 3 天时间在美丽的上巴伐利亚乡村徒步旅行，在迷人的花园中阅读，享受当地美食，但是你感到有点紧张，因为你不知道最后会发生什么。"最后的晚餐"终于登场了，你发现与自己共同赴宴的是来自世界各国的 9 位同事及其伴侣。事实上，谁是同事，谁是伴侣，你也分不清。你发现，在首席执行官及其伴侣的旁边还有其他最高管理者。你坐下来，然后开始小心翼翼地表现出最好的一面，试图给在座的最高管理者们留下深刻印象。现在你明白了，为什么部门中那个自以为是的家伙暗示你可能受邀参加安联集团内部人所谓的"餐叉测试"，所以你最好举止得体，多亏小时候妈妈无数次告诉你不要把餐叉放进嘴中。审计部门的那个家伙一直都做着你妈妈禁止你做的举动，因此你猜他肯定无法通过测试。晚宴结束后，你被送去休息，餐叉测试过程中的秘密部分开始了，这是安联集团隐瞒了候选人数十年的秘密。该秘密就是，晚宴结束后举行的情况汇报会上，农场的所有员工（包括园丁、清洁女工、管家、厨房女佣以及住房管理人员）都对候选人的表现有发言权和投票权。如果你在这 3 天的做客期间对他们中任何人傲慢无礼，那么就会失去升迁机会。尽管审计部门那个家伙把餐叉放在嘴中，但他对

> 所有人彬彬有礼，尊重所有人，所以顺利成了最高管理层成员的候选人。
>
> 这是因为，餐桌礼仪可以学习，但品性无法改变。

优秀的候选人会尊重每位利益相关者，按照"己所不欲，勿施于人"的原则行事，同情并理解各利益相关者的动机和心态。

作为一名专业人员，你若在日常生活中做到以上三点，并遵循关于信任的其他戒律行事，就能够实践沟通型领导力。

若说沟通型领导力是完美的柔道艺术，旨在借助利益相关者的力量获得成功，那么倾听型领导者需要遵循前述关于信任的十条戒律来修炼身心、学会技能，从而赢得信息黄带、沟通橘带、赋能绿带、授权棕带，最后通过自身的表现赢得倾听型领导者黑带。[⊖]

那么，倾听型领导者在更宏观的沟通型领导力体系中扮演什么角色呢？在讨论这个问题前，请允许我先讲述第二个故事……

⊖ 在柔道中，不同等级者佩戴的腰带颜色不同：初学者为白带，五级为黄带，四级为橘带，三级为绿带，二级为蓝带，一级为棕带，初段（教师级）为黑带。——译者注

"取消与安联集团的所有合同！"

萨比亚（Sabia）正站在从杜塞尔多夫飞往慕尼黑的航班登机口，突然听到旁边一位男士对着手机大声抱怨。这已经令她够不愉快了。但更令萨比亚感到不安的是他说的话。这位男士不停地抱怨全球保险企业安联集团，而萨比亚恰好在该公司工作。这位男士对安联集团非常生气，要求立刻取消与该公司的所有合同，并确保再也不与对方做生意。萨比亚感到非常尴尬，低头看了一眼自己的衣服，检查是否印有安联集团的明显标志。那位男士对服务的描述让她感到羞愧。她认识那位男士提到的同事已经15年了，该客户遇到如此糟糕的事情令她感到难过。萨比亚决定弄清真相。当飞机在空中飞行时，她解开安全带，找到那位男士并自我介绍："我是萨比亚·施瓦泽，在美国安联工作，登机前无意中听到了你的通话。我想说的是，如果我在德国的同事听说了你的遭遇，他们会感到非常震惊——就像我一样，因为你描述的企业不是我熟悉的企业。能给我一张名片吗？我想设法解决你遇到的问题。"这位男士是一家向安联投保的中型企业的首席执行官，他对萨比亚的话感到困惑。后来，萨比亚花了3天时间，利用内部网（在乐于助人的同事们的支持下）找到了问题所在并顺利解决，实际上问题确实出在安联集团，那位客户的问题最终得到了非常公平的解决。她的干预为安联集团赢回了业务。实际上，萨比亚在美国安联的沟通部门任职，她并非大客户经理，不负责销售，也没有从事行业承销业务，甚至不为面向杜塞尔多夫商人的保险公司工作。她本可以对机场的那一幕视若无睹，耸耸肩说："哦，这不关我的事。"但她主动介入，向那位中型企业的首席执行官表明身份，并化身为安联集团的代表。她赢回生意的方式如下：倾听、沟通、行动、承担责任。能干的沟通者可以得到授权代表企业。数年后，萨比亚因勇于承担责任、连续多年获得一流绩效而受到嘉奖，被提拔为安联集团全球沟通部门的主管，领导一个她重新命名为 CoRe（沟通与责任，Communication and Responsibility）的部门。萨比亚就是一名能够实践沟通型领导力的倾听型领导者。本书将指导你成为一名这样的领导者。

萨比亚的做法貌似只是一次偶然的行为，却可能成为遍及整个企业的态度。要实现这一点，唯有制定出明确的战略，尤其是树立明确的绩效指标，使管理层鼓励良性行为，将客户的热情转变为他们向家人或朋友的推荐，从而大幅提高利润。

让我们在此暂停，考虑一下由热情的利益相关者推荐某企业的观念。该观念的背后是一种简单有力的思想，这种思想有助于我们应对新形势（公众对企业失去信任、社交媒体赋权个人）带来的挑战。

最受欢迎的业务增长方式：朋友推荐

从联合国全球契约原则，再到诺贝尔经济学奖得主以及各类智库，全世界都在讨论的核心问题是：经济会持续增长吗？为了维持增长，我们打算承受多大的环境、社会与政治代价？

我不知道这些问题的答案，但我相信一点：现如今唯一可以接受的增长是值得信赖的"普通人"所允许的增长。这不是由资本市场、企业或工会引导的增长，它们都已经不再受信任。尽管所有受雇为它们工作的人都聪明且负责，但公众已不再充分信任这些机构了。

通过彼此信任和了解之人的口耳相传实现增长，是唯一可接受的增长。这已成为常识，甚至由于太简单而难以找到合适的表述，但说起来容易做起来难。

我选择通过关键绩效指标"净推荐值"（Net Promoter Score，NPS）来说明这一点，该指标旨在衡量客户向朋友和家人推荐某家企业的意愿。本书各章节都会提到这项指标，其中第 2 章和第 7 章对此进行了详细阐述。

在位于波士顿的贝恩公司[⊖]，一群聪明人在现任荣誉理事弗雷德·赖克哈尔德[⊜]的领导下发现了若干在新千年之初仍然微不足道之事：企业可以通过客户的推荐意愿来预测利润增长，这种意愿根据"净推荐值"指标衡量。[3]

这是公司放弃政府关系、投资者关系，解雇首席执行官、整个沟通部门、营销和广告人员、销售人员和网页设计人员的充分理由吗？

或许如此。要详细了解这些沟通从业者的命运，请参阅第 7 章。

全球性金融组织的"死亡证明"已经开好了吗？

当然没有。这些组织虽然丧失了信誉，但依然非常强大，能够决定企业的命运。然而，由于这些组织丧失了信誉，它们对艰难决策的恐惧与日俱增，越来越追求共识，并开始倾听普通公民、选民、小投资者、消费者、负责任且有环保意识的公民的声音。

一切旨在重获普通公民的信任，无论如何，你的企业都需要获得可靠的支持。只有获得利益相关者的支持，你

⊖ 贝恩公司（Bain & Company），一家全球性管理咨询公司，于 1973 年成立，与波士顿咨询公司、麦肯锡公司并称为"三大管理咨询公司"。——译者注

⊜ 弗雷德·赖克哈尔德（Fred Reichheld，1952— ），美国作家、顾问、净推荐值概念的提出者。——译者注

才能推动企业繁荣发展。但你的武器正在生锈：公关的子弹飞出几厘米就不再有任何效果。营销与广告之箭都用稻草做成，也不会产生任何效果。真正起作用的是家庭成员的话，这得到了学术界和非政府组织（它们的信誉较高）中独立权威专家的证实。

值得信赖的个人推荐是一个得到多数人认可的增长因素。

这种通过推荐实现的增长会创造优良利润。当客户乐于为产品付费时，优良利润就会产生；相反，不良利润是采取合法方式从客户那里"敲诈"来的利润。例如，你与一家电话公司签订了1年合同，在家乡拨打电话可以享受特别折扣。现在，雇主把你调到另一个城市工作，因此你不得不搬家。在忙完工作调动事宜之后，你做的第一件事就是联系电话公司，要求把享受折扣的所在地从家乡换到新城市。但该公司坚持合同的规定，拒绝更改。这会导致你的愤怒。尽管你不得不在合同期内付费，但你还会做其他事情，比如把这段经历告诉所有朋友（包括现实中的朋友和Facebook上的好友），并咒骂该电话公司不择手段。此外，你永远不会再在这家电话公司办业务了。

针对这一案例，你搬家后，这家电话公司从你身上赚的钱就是不良利润。

让我们简要概括一下：利益相关者已经对企业及其首

席执行官丧失了信任。最值得信任的是普通公民和独立专家。在企业中，最值得信任的是普通员工。员工个人值得信任的行为有助于企业获得推荐。客户推荐企业的意愿可以得到测量，这是衡量企业能否获得优良利润的指标，因此也是衡量企业未来能否实现增长的指标。每位员工都是值得信任的企业发言人，可以身体力行推动或破坏企业的增长。

有大量确凿的证据表明确实如此，然而真正的问题是：在这种新形势下，你如何激发所有利益相关者（员工、投资者、监管者、媒体、非政府组织、公众等）的热情？答案就在于：运用沟通型领导力，成为一名倾听型领导者。

请保持耐心——这是一段旅程。我们在变革过程中不断学习，但不能迷失方向。每位管理者都可以成为倾听型领导者。每位有志于成就一项事业的管理者都能从本书中获益，如果企业能够遵循这种理念，那么阅读本书的员工将获益更多。

本书旨在助你成功，改善绩效，并找到一种能被周围环境（包括私人网络）接受的可行方式提高领导力。企业通过利益相关者的热情支持实现增长的过程是开放的博弈，每天都会遭受挑战，但以同所有人（对企业命运有发言权的内部人士和外部人士）建立值得信赖的关系为支柱。

牛排餐厅的服务员是利益相关者吗

纵观全书，我们都在使用术语"利益相关者"，那么谁是利益相关者？为简单起见，我们把利益相关者划分为四类：客户、员工、投资者、社会。显然，每家企业都有数十、数百，甚至更多的利益相关者。代理人、经纪人、供应商属于什么？他们既是企业的客户，又是从事销售工作的员工。左邻右舍属于什么？他们是社会的构成部分，可能是监管者、政治人物、非政府组织成员、学术界人员和所有由于某种原因对你的企业感兴趣的公民。我们往往是多重利益相关者，20多年来，我曾是所在企业的一名员工、一名股东，此外，我也购买企业的产品，并且向雇主所在的国家缴税。

无论我们的业务是什么，认识与了解利益相关者都是获得成功的关键。企业有时候不了解利益相关者。某化妆品企业在分析自身的利益相关者后发现，先前竟然完全没意识到一个主要利益相关者群体的存在：由数百名青少年化妆顾问构成的群体，他们经营着自己的YouTube频道或博客，是成千上万年轻客户心目中至关重要的意见领袖。

认识与了解利益相关者是每位领导者的关键任务。利益相关者示意图是成为倾听型领导者之旅的起点。你可以反问自己：谁对我的工作造成影响？答案显然是你的老板和员工。那么假如我从事会计工作，不能与企业的客户直接联系呢？实际上你的客户就在企业内部，即所有与会计部门有业务来往的部门。花点儿时间绘制你的利益相关者示意图。最好的信源是你已经了解的利益相关者，你可以去询问他们。如果你负责一家企业的沟通部门，那么你可以就某些问题与利益相关者联系。你可能会为企业制定新战略，而利益相关者应该了解这些变化。利益相关者示意图犹如 WhatsApp[⊖]群，这是你的关系网，也是 Facebook 好友的企业版本。理想情况下，你只需要点击智能手机上的某个图标，就可以联系到所有利益相关者。要做到这一点，你必须先找出谁是利益相关者。

充分受益于沟通型领导力的理想企业

在确定了谁是利益相关者之后，需要检查你是否恰好在一家理想的企业工作，在这家企业中，你可以向倾听型领导发展或者不得不先在内部推进某些变革。

若你需要寻找一家能满足沟通型领导力先决条件的企业，可以遵循下述标准：

- 这家企业是否拥有清晰的愿景和战略？是否与众不

⊖ WhatsApp 是一款即时通信应用程序，功能类似微信。——译者注

同？最重要的是，企业员工能否把自己的具体任务
与企业战略结合起来？

- 这家企业是否制定了领导准则、领导价值观或（更好
  的是）具体的领导愿景？

- 这家企业是否对每类利益相关者都确立了 1 个或最
  多 2 个关键绩效指标？是否将管理层的薪酬与所有
  利益相关者的需求挂钩？

- 这家企业是否不仅公布了在解决财务挑战方面的成
  败，而且公布了其作为雇主和作为普通企业公民的
  成败，以及在员工招聘、客户满意度或推荐方面的
  成败？

如果上述所有问题的答案都是肯定的，那么这家企业
很可能会接受沟通型领导力理念。换句话说，如果你想要
成功，并且想要通过成为一名倾听型领导者获得成功，那
么这家企业是一个理想的舞台。

为什么说这是培养沟通型领导力的必要框架？因为唯
有在对企业的成功达成最低共识的情况下，也就是所有（而
不仅仅是一两位）利益相关者都具有热情时，沟通型领导力
才可能对企业的利润增长产生真正的影响。

对企业造成威胁的危机可能来自任何利益相关者：客

户的抵制可能威胁企业的生存，投资者抛售股票可能导致企业迅速瓦解，监管者可以吊销企业的经营许可，人才流失可能扼杀企业的增长引擎。威胁可能来自四面八方，而且很快就会造成永久性伤害。但利益相关者也会带来许多机会。企业领导者必须对来自所有利益相关者的潜在威胁和机会保持清醒的认识。

这是踏上成为倾听型领导者的旅程的必要前提。只有在此前提下，领导者才能挖掘利益相关者的潜力，推动企业发展。

在成为倾听型领导者的旅程中，具体需要达成四项不同的成就（见表0-1），分别对应本书的一章内容：

倾听型领导者必须值得信任——这可以通过提供一流的信息来实现。

倾听型领导者必须能够持续管控与利益相关者的对话——这可以通过一流的沟通来实现。

倾听型领导者必须挖掘、培养并增强利益相关者的力量——这可以通过赋能利益相关者，最重要的是学习并教他们学习来实现。

倾听型领导者必须调动团队的力量，并为行动做好准备——这可以通过委派任务、移交责任并指导下级人员有效行使被授予的权力来实现。

表 0-1　成为倾听型领导者的旅程

赢得信誉	建立对话	学习并教他人学习	调动力量	重塑自我
信息	**沟通**	**赋能**	**授权**	**推进变革**
• 把所有事实和盘托出 • 使用通俗易懂的语言 • 具体 • 扼要 • 吸引受众的注意力 • 不要拐弯抹角 • 要迅速传达信息	• 倾听 • 暖沟通与冷沟通 • 给出适当的反馈 • 使客户充满热情 • 对所有利益相关者保持透明	• 发挥优势 • 通过倾听满足动机 • 创建团队 • 避免"群体思维" • 培训的"七个要点" • 培养同理心	• 达成"失败协议" • 使战略与内在动机保持一致 • 学会应对困境 • 休息一下 • 避开猴子① • 使用教练制 • 利用导师制	• 分享一个梦想 • 言出必行 • 让所有人都参与 • 制定利益相关者战略 • 开发一个变革仪表盘
表达	倾听	帮助	发挥优势	制定议程

客户

员工

投资者

社会

---

① 根据埃德德隆德和翁肯分别提出的"猴子管理法","猴子"比喻有待解决的问题及相应的责任（详见第4章）。——译者注

倾听型领导者必须赶在新发展到来之前制定议程——这种基于沟通型领导力原则推动管理行动的能力，使倾听型领导者可以预见新发展并制定议程，积极让利益相关者参与进来，鼓励他们拥抱并接受变革。

培养沟通型领导力的上述五个步骤旨在让整个企业为自我管理式行动做好准备，这些行动处于一个明确的共同框架之内，目标是提高利润。被赋能和授权的员工做出的自我管理式行动会使沟通型领导力对提高利润的影响倍增。在企业的战略和行动中，所有利益相关者的投入和参与会孕育一个社区[⊖]，该社区将支持企业赢得公众认可并让企业获得经营许可，从而使企业实现蓬勃发展。这很可能会事关每家企业的生存问题。企业避免生存危机的唯一正确方法是与利益相关者保持一致，并不断努力以使自己值得利益相关者付出热情。这会孕育复原力，有助于值得信任的企业长期生存。要实现这个雄心勃勃的目标，所有人（每位员工、每位管理者）都需要在倾听型领导者的领导下各负其责。

《列王纪上》第 3 章讲述了一个典型故事，无论你是否信教，这个故事都非常适合本书：

⊖ 社区（Community），是一个社会学概念，指具有共同规范、宗教信仰、价值观、习俗或身份的社会单位，而非现实中常见的社区。——译者注

夜间梦中，耶和华向所罗门王显现，对他说："你愿我赐你什么？你可以求。"

所罗门王说："求你赐我智慧，可以判断你的民，能辨别是非。"

所罗门王因为求这事蒙主喜悦。神对他说："你既然求这事，不为自己求寿求富，也不求灭绝你仇敌的性命，单求智慧可以听讼，我就应允你所求的，赐你聪明智慧，甚至在你以前没有像你的，在你以后也没有像你的。你所没有求的，我也赐给你，就是富足、尊荣，使你在世的日子，列王中没有一个能比你的。你若效法你父亲大卫，遵行我的道，谨守我的律例、诫命，我必使你长寿。"

因此，所罗门王拥有了一颗辨别是非的心，并获得了财富与长寿。想想看，对倾听型领导者而言，这或许是恰当的隐喻。

千禧世代的看法

关于企业与领导力的著作，作者多数是白人中年男性。这些人在商界、学界和整个社会的上层占据要职，其中许多人都拥有值得借鉴的宝贵经验和知识。然而，并非只有他们如此。值得庆幸的是，世界正在发生变化，企业内部和社会其他领域日益多元化。为了共同创造更丰富的知识，彼此交流是非常重要的，可以添加不同的视角和方法来创造丰富的知识资源。要相信，一加一大于二。作为一名千禧世代的女性，我将从企业领导力背景下的心理学角度提出我们世代的看法。

千禧世代的定义

现如今，千禧世代已成为劳动力大军的重要组成部分，并将在未来 10 年呈指数级增长，进入企业与社会的各个领域。[4] 所以，为了洞察企业的未来，我们应审视千禧世代与先前世代的区别。

不同于先前世代，我们没有共同经历一场社会革命，因此在一定程度上，我们更崇尚个人主义。不同于先前世代，我们的交流和观点分享是在线的、全球的、即时的。我们对许多事情都有一定了解，但是往往比较肤浅。

我们成长于先前世代塑造的社会环境中，不理解为什么某些事情仍是"问题"（例如，性取向），而其他显然更重要的问题却未得到足够重视（例如，环保）。

言出必行：企业及其领导者真的可信吗

这就是为什么在我们看来，目标必须渗透到企业的每个角落。当我们可以选择和志趣相投之人一起工作时，我们应该并且确实会这么做。初创企业的崛起证明了，当这种选择不存在时，我们可以去创造它。当然，这方面的努力是有限度的，仍存在许多不必要的障碍，它们源自已经不再符合当今时代的旧环境。这些障碍应该很容易被消除，但作为人类，我们往往喜欢局限于已知之事，纯粹由于不了解新事物而捍卫旧事物。实际上，新事物并非全新的，它们只不过是重要问题的重新排序或再次受到关注，包括企业在社区中的责任、对员工的欣赏和培养等。

挑战者

作为千禧世代的一员，我是具有心理学教育背景的劳动力市场新进者。在本书中，我通过自然而然地回应父亲的观点来挑战现有假设，并提供补充意见。在过去的 20 年中，这种挑战在我和父亲围绕喝酒或牛奶等问题时多次发生，具体取决于所处的时期。

The Listening
Leader
How to Drive Performance
by Using Communicative
Leadership

第 1 章

————

信息

传达信息并赢得信任

- 现如今，有意义的信息意味着什么，如何将其有效地传达给受众？

- 在传达信息时，你可能遇到哪些最危险的错误和陷阱？

- 如何收集并分享信息？

- 相比于 X 世代和婴儿潮世代，千禧世代心目中最实用的信息是什么，他们又是如何收集这些信息的？

还记得电影《环游世界八十天》[⊖]的情节吗？大卫·尼文（David Niven）饰演的菲利斯·福格（Phileas Fogg）站在热气球上飞过一片农田，问正在劳作的西班牙农夫："打扰了，我不熟悉这儿。请问我这是在哪里？"农夫如实回答道："尊敬的先生，您正站在农田上方的热气球上。"这是一个非常诚实且正确的答案，但毫无用处。

信息具有特定功能，它的存在出于某种理由，同时，它能发挥一定的作用。信息必须填补无知与博识、已知与未知之间的空白。信息通常以消息、数据、事实的形式传达。由于凭直觉我们都知道信息是什么，所以这个话题似

⊖ 《环游世界八十天》是根据法国科幻作家凡尔纳的作品改编的电影，1956 年上映，由迈克尔·安德森（Michael J. Anderson, Sr.1920—2018）执导，获得该年度多项奥斯卡大奖。——译者注

乎显而易见，没人费时间认真思考有意义的信息带来的好处以及劣质信息造成的损害。

信息不仅在一般意义上非常重要，而且是倾听型领导者必须遵循的五项核心原则中的第一项。倾听型领导者擅长（信息）传达、沟通、赋能、授权和推进变革，所有这些都始于有意义的信息，它们能够为你与利益相关者的信任关系奠定基础。信息必须有意义才能证明我们赋予它的重要性。信息能够让我们获得信誉，这是成为一名倾听型领导者的必要条件。

信任是一种稀缺商品，对社会的运行至关重要。人与人之间非常难以建立信任，因为信任不能在商店或网上订购，而只能靠自己赢得。有意义的信息是赢得信任的开端。

要赢得精通沟通型领导力的倾听型领导者黑带，就必须脚踏实地地获取信息黄带。要想成为一名倾听型领导者，就不可能绕过这一步，因此最好迎难而上，只有学习、练习并掌握信息原则，才能抵达下一个里程碑——良好的沟通。

这五项原则不仅具有技术性目的，而且有助于描绘更宏大的图景，即领导力图景。这五项原则可以帮助你培养热情的、忠诚的、不可或缺的、积极参与的、主动付出的利益相关者。他们拥有巨大的力量，可以帮助企业长期盈利，并着眼于下一代或者我们所谓的"可持续经营"。

因此，不要轻视信息这项貌似简单的原则，它绝非表面上看起来那样无关紧要。

我曾经在保险公司工作过 20 多年，发现汽车保险业有一个非常普遍的现象：每当找到两名证人来描述同一场车祸时，哪怕他们都怀有善意且值得信任，他们对车祸的描述也各不相同。司机是一位金发女郎吗？是一个扎着马尾辫的男人吗？每项证词都可能导致对责任的不同认定，并涉及是否支付款项及数额大小。这就是保险公司极为擅长搜索准确信息的原因。

在企业的日常经营中，由于信息不准确造成误解的事例数不胜数，这通常是缺乏训练造成的结果。细节决定成败。

传达有意义的信息能被学会，能得到训练，也能改善。在本章中，我们将提供若干把劣质信息转化为有意义的信息的实用建议。本章立足的基础在于，无论身处何时何地，遵循该原则都有助于实现卓有成效。每个段落、每张列表、每个例子都有助于你认识到信息可以改善之处。这是个人能够学会的技能，并且与你所需的态度和价值观相关。要提高沟通型领导力，你必须能够获取利益相关者的信任。他们首先要权衡的就是你的意图和你作为领导者的品质，也就是你说了什么、如何说。

首席执行官与信息

"为什么首席执行官应擅长传达信息？"，因为不然的话他可能被迫提前下台。本书不仅仅是写给首席执行官看的，也不仅仅是关于首席执行官的，本书面向所有对领导力感兴趣的读者，但各章至少有一个段落专门面向企业的最高管理者。无论在首席执行官非常强势的治理体系（如美国、法国或意大利）中，还是在法律要求管理委员会[⊖]为企业经营承担集体责任的德国体系中，首席执行官都扮演着至关重要的角色。他是企业的挂名首脑，也是受到利益相关者尊敬的榜样人物。首席执行官代表整个企业，可谓品牌的化身。因此，首席执行官必须在本书讨论的所有原则方面（当然不止这些）都卓有成效。

优秀的首席执行官是一名领导者，而卓有成效的首席执行官是一名倾听型领导者。这意味着首席执行官应成为一名卓越的沟通者。这对倾听能力的要求最高，读者会在后续章节中看到相关论述。但一切都始于首席执行官掌握信息的能力，这符合著名的"高层声音"的机制，是一切的起点，不能被绕过。

⊖ 德国的《公司法》规定，股份公司和大型有限责任公司实行管理委员会和监事会构成的双委员会制度，管理委员会由内部高管构成，负责公司的日常经营管理，监事会由外部人员构成，有权任命、监督管理委员会。——译者注

正是首席执行官，可以选择分享多少有关董事会决策的信息，从而向利益相关者披露企业的经营状况。正是首席执行官与首席财务官，可以决定何时警告利益相关者企业将遭遇威胁。首席执行官传达信息的方式会影响到企业品牌的信誉。偶尔出现的劣质信息不足以毁掉一家企业，但一句错误言论可能让你丢掉工作。

> 下面是在一家德国公用事业公司的首席执行官身上发生的真事。这位首席执行官被一位狡猾的记者拦住了，由于急着去洗手间，当记者问他该公司是否正与另一个国家的竞争对手谈判（Negotiations）时，他不假思索地如实说："没有。"事实上，该公司正与记者提到的公司进行初步协商（Discussions）。根据当时的德国法律，"谈判"与"协商"是两个截然不同的法律概念。若进行谈判，公司必须发布一份公开声明；若仅仅是模糊不清的协商，那就无须如此。尽管根据德国法律，该回答无可厚非，然而不幸的是，这家公司刚刚在纽约证券交易所上市，根据美国法律，"协商"与"谈判"并没有明确界限。美国证券交易委员会立刻对这位可怜的首席执行官执掌的控股公司展开调查。结果该公司被罚款50万美元，而那位倒霉的先生不得不辞职走人，此后他上洗手间时可以无须顾忌记者的刁难了。这是劣质信息导致一位好人丢掉工作的例子。

信息的功能

信息具有特定目的。信息的功能是填补空白、分享知识、揭露事实。实际上，信息揭露的不只有事实，还有感受、数字、愿景等，所有这些大致都可划归进"数据"的范畴。所以你可以说，信息的目的旨在与他人分享数据，最终目标是奠定与利益相关者、受众开展对话的基础。这种对话应该能够创造信任。如果你信任某人，就会愿意倾听他的苦衷，认为他说的都是真的，或者至少给他留颜面。这些都始于公平、真实、诚实、可信的信息，或者我所说的"有意义的信息"。

那么，什么是"有意义的信息"呢？我们可以借鉴信息专业人士——记者的界定。有意义的信息有很多好的信源。这些信息有时似乎不适用于商业领域，因此对商业感兴趣的读者会感到乏味。所以，关于倾听型领导者应注意的事项，我拟定了一份优先次序清单。无疑，其他人可能会有更多更详尽的清单。

关于传达有意义的信息需要满足的最低必要条件，具体如下：

1. 把所有事实和盘托出，并不断重复。

2. 使用合适的风格和通俗易懂的语言。

3. 具体扼要且言之有据。

4. 吸引受众的注意力，然后讲述一个故事。

把所有事实和盘托出，并不断重复

记者撰写新闻报道时遵循的基本规则是阐明"5W"：人物（Who）、地点（Where）、时间（When）、事项（What）、原因（Why）。

"5W"可以囊括你想要传达的基本信息。阐明"5W"可以确保你传达了所有基本事实。有意义的信息在这五个方面必须尽可能完整无缺。

因此，务必把所有事实和盘托出。

可以采取如下形式："1月1日（时间）起，我们整个公司，也就是从总部到位于23个国家的分公司（地点）都将启动变革计划。公司的全部1400名员工（人物）将参与其中，变革过程分为四步……（事项），目标是将营收额提高10%（原因）。"

"5W"奠定了有意义的信息的基础，搭建起了基本的框架。

除了把所有事实摆到台面上，你还要不断重复，以集中人们很容易分散的注意力。由于信息无处不在，所以人们往往眼花缭乱，挑选扼要信息变得越来越困难。因此，即便成功地传达了一条信息，也不意味着它被注意到、被理解、被内化并引起受众慎重考虑，反而非常容易被遗忘或被忽视。这就是为什么古罗马执政官西塞罗说："熟能生巧。"不断重复的目的非常明确：确保受众接收到这条信息。即使后面的建议看起来似乎有点多余，但最好还是通过不同渠道重复传达某条信息。唯有多渠道传达信息，才能在一定程度上确保该信息真正触达受众。因此，要毫不犹豫地运用电子邮件、内部网、全体会议等渠道重复你想传达的信息内容。只有这样，该信息才能在一定程度上真正被受众接收，并记在心里。

使用合适的风格和通俗易懂的语言

风格，指传达信息的方式，它将决定你能否吸引并维持受众的注意力。因此，搭建起包含"5W"的基本信息框架后，你需要填充特定风格的信息内容。请阅读下面一段话：

由最高执行团队组成的审计委员会已经审查了对过去两个三年计划进行差距分析得出的所有相关数据，并讨论了部署内外部协同计划的所有实施框架，还将拟订一揽子决策方案提交给有关治理机构以采取一套中期措施，从而使下一个计划期内公司税息折旧及摊销前利润（EBIDTA）至少增长 5%，而 2014 年度股东大会已经批复 EBIDTA 增长 3% 的提案。目前不能排除全职雇员的数量对 EBIDTA 增长造成的影响。

你是什么时候停止阅读上面这段话的？作为沟通领域从业人员，如果你不想着如何修改措辞以清晰传达信息，而只是耐着性子读完了这段话并努力尝试理解，难道不认为自己很快就会被解雇吗？

传达信息时，我们应该仔细选择措辞。在风格方面没有"一刀切"的原则。如果我们从讨论信息的真实性开始（我认为这对于保持信息的可信性非常重要），那么接下来可以花很长时间讨论不同的信息传达风格。具体风格受信息传达者的背景、年龄、性格、受教育水平影响，也要视受众的情况而定——信息是面向一个孤立的苏格兰村庄中的小社区，还是面向遍布 180 个国家的全球性专业人员社区。风格也意味着品位问题。

在风格方面，我们有一位权威的学习榜样，它具有全球影响力，坚持高质量标准，创造了独特的风格，并成为所有人进行全球性交流的风格指南，这就是《经济学人》杂志。具体而言，《经济学人》[1] 给我们提供了下列 7 条风格指南：

①不要乏味。

②使用日常用语。

③不要颐指气使或傲慢自大。

④不要自负。

⑤不要啰唆。

⑥不要说教。

⑦尽量清晰易懂。

换言之，用你对自己十几岁儿子说话的方式传达信息。你应尊重对方，认真对待他；反过来，你也希望得到他的尊重。你不能也不应对他撒谎。因此，你应该用通俗易懂的语言阐述事实。不要使用晦涩的语言或打官腔，否则你在他眼中跟一个醉鬼差不多。

英语的使用

我的母语不是英语，但我喜欢纯正的语言。我不想知道自己在生活中说英语时有多少次误用，我为每次误用道歉。某位诺基亚公司的经理曾经做了如下开场白："女士们、先生们，今晚我将使用世界上最常用的语言（蹩脚的英语）向你们演讲。"如果你的母语是英语，那么请不要忘记，世界上更大一部分人的母语并非英语。尽管有时非常蹩脚，但人人都在努力使用英语说话和写作。对于那些母语并非英语却不得不使用英语的人，请帮助他们以一种恰当的方式传达信息。然而，仅靠这两种努力是远远不够的，因为没人能控制非英语母语的人是否可以正确使用这门语言。

　　我曾经是我们公司一体化委员会的成员。我们这边四位经理代表公司收购另一家公司，并且被收购公司的代表也是四位经理。此前一切进展顺利。我的雇主是所谓的"白衣骑士"[⊖]，拯救这家公司免于被另一家竞争对手敌意收购[⊖]。在进行收购的所有财务交易期间，经过几个月的密切合作，我们两家的经理几乎成了私下的朋友。两家公司合并后的第一天，我们召开了一体化委员会的第一次全体会议，开始讨论一体化事宜。被收购的公司需要成为新的更大实体的一部分，这就是讨论的主题。会议开始后的头两个小时非常艰难，气氛很紧张。首席执行官要求休息一下，然后把我叫到一边问："哪里出差错了，你意识到了吗？昨天还阳光明媚，今天突然狂风暴雨。"之前我已经和对方四位经理中的一位成了好朋友，他和其他三位经理都是法国人，因此我们用法语交流。当我把他叫到一边问出了什么事时，他说："我们非常不高兴。上个月你们这些家伙还假惺惺地装作我们的朋友，现在却大谈什么一体化。"我一定看起来非常惊讶，于是他重复了一遍："一体化，你明白吗？"然后，我恍然大悟。在法语中，"一体化"（Integration）具有非常强

⊖ 白衣骑士（White Knight），是指在一家公司面临敌意收购或破产的情况下，得到公司董事会支持的友善投资者。——译者注
⊖ 敌意收购（Hostile Takeover），是指收购公司不顾及目标公司董事会与管理层的利益和意愿，不做事先的沟通，也鲜有警示，就直接在市场上展开竞购，诱使目标公司股东出让股份的收购。——译者注

的"征服"（Conquest）意味，绝不是英语中这个词的字面含义。尤其当这个词被那些站在"我们这边"的德国人使用时更是如此。我们共有八个人，四位法国人、三位德国人和一位意大利人（我）。我们都多多少少可以说英语，但我们的母语都不是英语。对于这个重要的单词"Integration"（法语、德语和英语的拼写都一样），我们至少有三种不同的理解，也就是说这个词在不同语言中的含义互不相同。没什么"诀窍"可以解决这个难题。但我们可以注意到这个事实，不仅有"纯正英语"和"蹩脚英语"之分，还有对英语的误用，这导致事情变得更加复杂。有没有解决办法？有——请教或授权。请教各国的当地人、母语是英语的人或沟通部门的人，从而在"语言"或"文化"方面得到准确的翻译。

具体扼要且言之有据

显然，有时候受众会把某位领导者说的话视为天经地义——"这是大领导乔说的，因此错不了"。这种情况或许真的存在，但我已经 56 岁了，从未碰到过永不犯错的领导者，而且这种情况显然已经不可能发生。现如今，你不可能通过泛泛而谈就被他人接受，更不用说被信任了。因此，说"我们的工作成效不错"（或糟糕，至少在此处无关紧要）

没有任何意义，除非你能指出具体在哪个方面（例如，销售部门）业绩特别突出，在哪个方面（例如，信息技术部门）绩效不良，总体工作成效如何，相比于谁（是一个竞争对手，还是所有行业中的所有竞争对手）表现"不错"或"糟糕"。因此，你可以使用某些例子，例如此处提到的销售部门或信息技术部门。一件事被记住并最终被相信的可能性是高是低，取决于你描述得有多具体。据我了解，使用具体扼要的例子往往有助于听众更好地理解某个话题。

"我们坚信要充分发挥员工的才能"，有多少企业这么讲？这条信息很快就会被人忘记，因为它非常琐碎，而且已被听到过多次。说这句话的人应该补充道："在我们的管理层中，只有 5% 的人来自外部招聘，95% 的经理在走上管理岗位前都是普通员工。"这会让听众铭记在心。进而，你可以讲述下面的故事：销售主管萨莉（Sally）7 年前仅仅是市场部的一名实习生，她毕业后接受了销售方面的培训，继而被派往一家分公司销售产品，后来受命负责一个更大的区域，当时她感到自己没有能力应对管理岗位带来的挑战，且遭遇了挫折，甚至一度想要放弃，因此她被派往企业大学学习管理实践，后来在企业的赞助下攻读 MBA……这显然会让听众更加印象深刻。如果此时请萨莉到讲台上亲自讲述，那么听众将永远不会忘记（请阅读下一章有关"暖沟通"的段落）。确实如此，当谈论自己的职业生涯时，萨莉是一个非常可靠的信源。她是证明我们的组织真正在培养员工的最佳证据。

提供的信息过多或过少，你都可能遭遇失败。因此，你需要思考是否有必要提供某些信息。我知道政界和新闻界具有破坏性的垃圾信息会造成什么后果。当然，也有可能出现信息过多的情况。凡事过犹不及，你应该汇集信息并尽力使其简要，信息比较散乱时尤其要如此。你可以每周发送一封电子邮件，打一个电话，开展一次交谈，召开一次员工大会。

吸引受众的注意力，然后讲述一个故事

你最近一次看到受众全神贯注地聆听演讲，思考听到的每句话，没人浏览移动设备，没人打瞌睡或分心的场景是在什么时候？现在已经几乎不可能出现这种场景了，总会有人在浏览自己的智能手机。你可以称之为"分心聆听"，这类似"分心阅读"，后者是指你一边在个人电脑上阅读，一边盯着手机，背景音是伯恩斯坦^㊀与阿巴多^㊁指挥的音乐以及你三岁的孩子的尖叫声——他自己堆出了"最漂亮"的

㊀ 伦纳德·伯恩斯坦（Leonard Bernstein，1918—1990），美国作曲家、音乐指挥家。——译者注
㊁ 克劳迪奥·阿巴多（Claudio Abbado，1933—2014），意大利音乐指挥家，曾任伦敦交响乐团首席指挥。——译者注

雪人。你懂我的意思。

为了突破重重阻碍把信息传达给受众，你需要使讲述变得生动有趣、通俗易懂。为了吸引受众的注意力，还有若干技术性要点需要考虑。

首先是信源。如果信源是上级领导，那么他传达的信息通常会受到你的高度重视——当然，具体取决于你对上级领导的尊重程度。上级领导的身份已经足够让整件事受到重视，但正如我们所见，还有许多其他因素发挥作用。其一就是，如果可以的话，尽可能公开信源，这有助于受众评估信源的信誉。如果你是信源的话，这也有助于受众评估你的信誉。例如，说出类似"我认为，我们必须改变这个部门的工作方式……"的话，会把责任清楚地揽到自己身上。基本上，公开信源是为例子、陈述、事实与数据提供证据。

其次是选择合适的媒介。发送一封电子邮件让 400 人知道某些事，这需要非常充分的理由。相比于邀请他们聚在一起参加员工大会，向他们传达信息，然后让所有人返回工作岗位，发送电子邮件虽然会节省大量准备演讲及组织安排的时间，但产生的结果可能相反，甚至损害传达信息的整个意图——受众会误以为邮件传达的信息无关紧要。因此，传达信息时需要考虑采用何种媒介。

在吸引了受众的注意力后，如果你想让他们记住某条信息，那就讲个故事吧。真正被人们铭记于心的是什么呢？假如你认为人们会准确记住你的话，那么考虑一下之前讲的车祸目击者事件——有多少目击者，就有多少车祸版本。我们知道，人们对语调和肢体语言的反应远远多于对说话内容的反应。无论你选择做什么，确定无疑的是：记住故事比记住纯粹的数据更容易。因此，要想让人们更轻松地记住你传达的信息，就构想一个精彩的叙事、典型的例子、合适的故事。

故事能够表达内心，传递情感，犹如戏剧艺术。故事必须使受众感到惊讶、震惊，引发反思和思考。故事可能一反常识，可能令受众感到有趣、悲伤，也有可能仅仅令人难忘。

每个故事都必须符合以下三点中至少一点：①有令人意外的情节转折以及令人鼓舞的情感；②有真实可信的人物角色并具有道德意义或教育意义；③令人感兴趣或让人受到触动。

请参考美国报业研究院（American Press Institute）界定精彩新闻故事的下述标准：[2]

创作一个精彩故事意味着找到并验证重要的或有趣的信息，然后以吸引受众的方式呈现出来。精彩故事是使某条新闻与众不同的部分原因，比媒体提供的其他内容更有价值。

关于精彩故事，研究证明了下述两点：

方式胜过主题。对受众而言，讲述故事的方式比故事主题和内容更重要。最佳故事不仅讲得好，而且让受众感到事关自身或非常重要。

最佳故事往往更深刻、更全面。这类故事包含更多经过核实的信息，这些信息来自多个信源，包含更多视角和专业知识。最佳故事能够体现出记者更强的进取心以及他们付出的更多努力。

适用于新闻故事的标准也适用于所有故事。让我们回到荷马⊖、《圣经》或莎士比亚，向其学习如何讲述精彩故事。关键在于，精彩故事会让你受到触动。

关于劣质信息。下述几点可以归结为一句话：不要自作聪明。

展开细说，传达信息时需要避免的五个主要错误是：

1. 不要狡辩。不要试图绕过真相。我经常看到经理们做出某些决策，而他们很清楚这会激怒利益相关者。然后，他们再无奈地（通常是粗鲁地）转向可怜的公关人员，询问

⊖ 荷马（Homer）——相传为古希腊的吟游诗人，创作了史诗《伊利亚特》和《奥德赛》，统称为《荷马史诗》。两部史诗主要描述的都是英雄的故事，但是风格上有所差异，前者侧重描写特洛伊战争中两军的激烈厮杀，后者侧重描写英雄作为普通人的感情。——译者注

他们："唉，这就是残酷的现实。当然，你会把它转变为一个积极正面的精彩故事。转变才是关键，不是吗?"不是，转变不是关键。关键在于真正的事实、真实的感受以及准确的数据。诚然，这些都必须被嵌入到故事中，也必须被嵌入到关于组织战略的宏观叙述中。但故事不是转变，而是表达。在企业中，经理不应虚构故事。我们不应混淆虚构与事实。

2. **避免行话**。信息不仅应该真实，而且应该可信（被信任）。是否可信不但要看是否属实，还要看使用的语言。因此，不要把太多时间用在遣词造句、幻想、隐喻或委婉表达上，更糟糕的是把太多时间投入商业谈话，成功的商业游戏"废话宾果"可以恰如其分地代表这种谈话。[3]如果你说（或写）"协同效应"，所有人都会理解为"成本削减"。没错，如果它们是同义词，那么你可能会说，"你也可以使用'协同效应'来代替'成本削减'"。但由于你似乎故意闪烁其词，不用清晰的语言表达意图，所以你会失去可信性。

3. **不要隐瞒信息**。谈论这一点时，我们暂时把公平放在一边，也暂时不考虑诚信，仅仅聚焦于现实。在当今世界，即使高层机密也可能被泄露，"只要不告诉任何人就能保守秘密"，这句曾经的真理现在已经不成立。无论是由于社交媒体赋权还是由于技术发展，人人都能转变为媒体，每位管理者应该做出的基本假设应该是：没有秘密可言。"由于公之于众的时机不成熟"而隐瞒信息，这根本不会奏效。你在获得信息的那一刻选择保守秘密，仅仅这个事实就会转变为严重危机。所以，务必把全部信息迅速地公之于众。

4. **不要拖延**。如果你想要把握叙事的主动权并保持可信，那就不要让他人塑造信息。如果你掌握着信息，那就第一个传达出去。如果你是第一个传达信息的人，那么人们将因此而记住你，并认为你是最可靠的信源。通常，对于培养沟通型领导力的整个过程，甚至对于所有可持续的关系，信誉都是最重要的。没有信誉，就没有信任。没有信任，就无法激励、推动、促进、领导他人，也不能与利益相关者密切联系。因此，你要确保以最快的速度把信息传达出去。本应由你最先传达的信息，若被他人抢先说出，那么它往往会变成谣言、八卦或猜测。因此，如果你想要避免谣言、咖啡机前的窃窃私语或人们误信组织中有名的"大嘴巴"，那么你要做到一旦准备好信息就尽快公布。没错，我明白现实有时会有所不同——审批、再审、三审往往会放慢发布信息的速度。但要努力加快速度，并且为此付出不懈努力。

5. **不要撒谎**。谎言造成的伤害往往超出预料。不要认为大谎言和小谎言有什么不一样。即使一个小小的谎言也可能毁掉你的职业生涯。我原先的老板，安联集团前任首席执行官迈克尔·狄克曼有句话让我永生难忘："小谎言会变成大谎言。"

有一天，这样一个小小的谎言让我头疼不已。我们一家子公司的新任首席执行官刚刚给当地工会的劳工代表发送了一封电子邮件，该工会代表我们在当地的员工。事件起因是当地报纸上发表的一篇讲话，该讲话认为这家公司的当地员工工作成效低下、缺乏以客户为中心的意识。这份报纸援引了首席执行官在一次投资者会议上说的话。员工们认为首席执行官的话非常无礼。这位首席执行官在发给劳工代表的电子邮件中写道："顺便说一下，写这篇报道的记者撒谎了，报道不实，我从未说过这些话。"嗯，他的辩驳是一个谎言。我知道报道准确无误，那次会议的录音，以及投资者报告中包含的一张幻灯片，都提到了当地员工工作成效低下、缺乏以客户为中心的意识。幸运的是，这封邮件也抄送给我了，更幸运的是，我与那位劳工代表的工作关系非常融洽。所以，我立即打电话给他，告诉他电子邮件中存在误会，首席执行官会在私人会议上做出澄清。他说："你的电话打得非常及时。我正准备把首席执行官的邮件转发给所有员工。那就等我和他谈谈再说吧。"然后我打电话告诉首席执行官，再过一会儿我们的某位员工就可能打电话给那位记者，告诉他，首席执行官刚刚在电子邮件中称他是骗子。因此，首席执行官最好马上打电话给劳工代表，真诚地道歉，以解决这个问题。试想一下，这位首席执行官在错误地指责记者虚假报道后，还能在岗位上干多久……该记者会在一个小时内从某位心怀不满的员工那里得到一份电子邮件副本，并且把首席执行官视为终生的敌人。首席执行官很可能由于一个愚蠢的、不必要的谎言而被解雇。

由于你提到的大部分事情，任何人只要点击一下鼠标，都可以在网上轻易查到真相，所以不要撒谎，不要拐弯抹角，也不要企图自作聪明。

为什么信息很重要

你可能仍然会说："那又如何？"信息真的那么重要吗？对人力资源实务者和公关部门的内部沟通人员而言，确实如此。我想要发挥魅力领导、激励、促进、折服所有人，什么时候才能做到这些？另外，我可能疲于应对有意义的信息的问题，因为有时在沟通工作中，我非常沮丧地认识到，内部员工通告这类基本的事情迫使我不得不同谣言做斗争，安抚所有子公司，在已经忙得焦头烂额的工作日再增加几个小时来尽力弥补内部沟通中犯下的愚蠢错误。有意义的信息很重要，应成为每位管理者的必需品，必须由倾听型领导者亲力亲为，不能委托给他人。劣质信息可能会毁掉你和其他人的职业生涯。

我的一位家人工作所在的公司出现了下述情况。

这家迅速发展的日用消费品公司想要开展直销业务，并聘用了一位曾在其他公司成功实施转型的著名直销专家。内部员工通告具体如下："从1月1日起，林赛·麦格雷戈（Lindsay McGregor）将领导新的全球直销部门，直接向首席执行官苏珊·都铎（Susan Doodle）汇报工作。让我们欢迎林赛，他是我们公司的宝贵财富，将帮助我们转型为一家货真价实的数字公司。"实际上，该公司的业务遍布20多个国家，销售渠道多种多样，包括小型零售、关联业务（具体指兽医业务）、百货商店等，并且在某些国家通过独立的销售代理开展业务。由于该公司想要逐步适应变化的环境，所以分配给林赛的任务是分析哪些国家的业务可能受益于额外的直销渠道。但对许多人（尤其是对该问题特别敏感的人，例如，同代理商或零售合作伙伴打交道的员工）而言，上述关于该任命的通告会造成误解。他们会被解雇吗？为了转向直销，该公司的分销合作会被终止吗？组织内部乱作一团，可怜的林赛从上任第一天起就被这个粗心的通告拖入困境，始终没能走出来。整个组织都试图给他制造麻烦，两年后他放弃努力，辞职了事。这家公司经历了两年的挫折，几乎丧失生存机会，这也是由劣质信息引起的。所以，不能麻痹大意，他人的一份工作可能取决于你传达的信息，或许你自己的工作同样如此。

我们已经充分地说明了有意义的信息为什么很重要：因为劣质信息可能会让你丢掉工作，而有意义的信息起到的作用正相反。

倾听型领导者必须掌控信息

为什么有意义的信息会成为倾听型领导者保住工作的要素？迄今为止，有意义的信息基本上是一种避免灾难的工具。确实如此。之所以说有意义的信息是预防风险的基础，是因为它有助于避免误解，而误解恰恰是造成危机的最常见原因之一。

如果你想要开怀大笑，那就去查一下贝立兹[○]语言学校的广告吧。它展示了德国一位年轻实习生在海岸警卫队电台执行首次任务的场景。电台打进来一个紧急电话，里面

○ 贝立兹（Berlitz），美国一家语言教育与领导力培训公司，创立于 1878年。——译者注

用英语说："救命！我们正在下沉（Sinking）！救命！"这位一口浓重日耳曼口音的年轻人回答道："这里是海岸警卫队，你镀锌（Zinking）干什么？"[4]

因此，如果我偶然遇到某种程度的抵触，那么也没什么稀奇的。在保险公司，你学到的第一件事就是风险造成的后果可能难以承受，你得尽可能不惜一切代价避免风险。这很有用：在生意上，这有助于保护客户和利益相关者；在沟通上，这有助于避免把事情搞得一团糟；而且，作为一名那不勒斯人，我喜欢避免流汗和辛苦工作……

但避免危机并不是提供有意义的信息的唯一理由。实际上，掌控重要信息是成为一名倾听型领导者的先决条件。

有意义的信息通过提供公平性、可靠性、重要性、及时性，可以奠定谈话基调。如果你待人公平，那么很可能得到别人的公平对待；如果你惯于把所有重要信息传达出去，并尽可能全面、扼要，那么同受众的沟通就会更实事求是；如果受众喜欢你传达的信息，那么就会乐于给出回应。这与信息是否积极正面无关，而与成年人在对话时是否相互尊重有关。

有意义的信息是信任的基础。它事关真相：如果你的言论被证明准确无误，那么人们就会给予你成为领导者的机会。

有意义的信息都关乎时机。如果人们已经在咖啡机旁听到某些谣言，那么你在两周后才正式提供信息就会非常糟糕。因为只有当人们听到新消息时，他们才会认真倾听。

倾听型领导者必须做到公平、尊重他人、可靠、及时。有意义的信息是倾听型领导力最坚实的基础。

有意义的信息对企业成果的影响

"有意义的信息对利润有影响吗？"这是人们想象中首席财务官会问的一个典型问题。实际上，我认识的多数首席财务官都擅长沟通，并能够以合适的方式处理信息，他们不会问这类问题。但是为便于论述，我们可以假想一位首席财务官，此人碰巧既固执又强势，跟你的信息理念格格不入，喜好计算数字，认为沟通型领导者是无用的懦夫。我知道，这难以想象，但这位虚构的高层管理者想要知道股价是否会因有意义的信息而产生波动。嗯，如果他熟悉自己的工作，就会知道劣质信息确实会影响股价。事实上，这是首席财务官需要掌握的一部分基础知识。传播"误导性市场信息"会让人锒铛入狱。

但有意义的信息对股价有什么影响？如果我说，我掌握科学的数据，证明有意义的内部信息与股价存在显著的因果关系，那我就是在撒谎。但我确实有证据表明，有意义的信息与良好的员工敬业度以及企业财务增长相关。并且，关于利润率如何推动股价的研究，可谓数不胜数。

信息无疑是企业获得成功的一个要素。贝恩公司荣誉理事弗雷德·赖克哈尔德是增长领域的大师之一，他把成功激发客户热情的一个关键秘诀表达得简明扼要："即使较小的企业也必须重视向管理者和员工传达合适的信息。"[5]就是这么简单。

有意义的信息是优秀企业的基础。

你有多少次在电话中听到有人对你说"我不知道"？你喜欢和说出这种话的企业做生意吗？

持续提供有意义的信息不仅能促进企业增长，而且能使企业保持更长时间的成功。针对若干历史悠久且至今仍非常成功的企业，克里斯蒂安·斯塔德勒⊖进行了一项有趣的研究，他指出，让这些企业能够适应变化的一个关键因素是"推动组织朝一个方向前进并用一种声音说话"的能力，因为"混杂的信息会引发混乱"。[6]

企业的信息

获得绝佳信息不是领导者个人的特权。理想情况下，这种信息应涵盖整个企业，并让企业的管理者和领导者进

⊖　克里斯蒂安·斯塔德勒（Christian Stadler），英国华威商学院战略管理学教授。——译者注

一步传达一流信息。老板说什么，员工就相信什么的时代已经一去不复返。这对每个人，每位不相信广告、网站和公关部门的客户来说都是如此。对于那些希望获得尽可能完整的信息来评估某家企业的投资者，道理是一样的。最糟糕的事情莫过于没有合适地通知投资者，这会违反管控财务信息的法律，有可能导致相关负责人被判监禁。我曾经亲眼看到，在许多股东大会上，绿色和平组织[⊖]、乐施会[⊜]等非政府组织对企业管理层进行长达数小时的质询，讨论企业的哪些行为影响了它们的支持者。要求完全透明的呼声日益高涨。越来越多企业会公布涉及所有利益相关者的全部数据。

什么是有意义的信息

我经常乘坐飞机，但我对航空公司的兴趣不在于股本回报率、税息折旧及摊销前利润，而在于其航班是否比竞争对手更安全、更准时，换言之，我关注服务。我很想了解这方面的信息，但我订阅的报纸只公布它的盈亏账目。这真是太无聊了（参见第 7 章"客户成果"部分）。

⊖ 绿色和平组织（Greenpeace），一家国际性环保组织，于 1971 年创立，总部位于荷兰阿姆斯特丹。——译者注

⊜ 乐施会（Oxfam），一家国际性发展及救援组织，于 1942 年创立于英国的牛津郡。——译者注

每家企业都有四类利益相关者：客户、员工、投资者、社会。任何特定的利益相关者都可以归入其中之一。我给所有企业的建议是：找出利益相关者想知道什么，然后把这些信息告诉他们。企业需要定期提供有意义的信息，这种信息应该是真实的、重要的，有助于利益相关者更充分地认识企业。年度财务报告应该辅之以人力资源报告、产品与服务报告、企业公民业绩记录。

下面是四类利益相关者可能感兴趣的信息。要确保提供的有意义的信息兼顾事实、数据与精彩故事。但事实必须能够与竞争对手相媲美，财务数据同样如此。这就是我不会过于强调投资者信息需求的原因。

1. **客户**：任何与产品（服务）质量和价格相关的关键绩效指标；新产品信息；关于产品风险、交货速度以及产品召回的数据。

2. **员工**：员工人数；年度人员流动率；性别、年龄、国籍信息；招聘、开发、辞职的具体数据；年度敬业度调查结果；其他可以用来评估企业人力资源优劣势的定性信息。

3. **投资者**：投资者需要可靠的、经过审计的、符合法律规定的，甚至超出这些要求的数据，并且这些数据基于分析师与企业的定期交流。

4. **社会**：包括非政府组织、政府机构、监管者、左邻右舍、税务人员……找出这类受众重视哪些信息，提供给他们，并成为最先这么做的企业。

这方面的典型例子是在线服装直销公司 Everlane（www.
everlane.com）[⊖]。该公司的产品定价政策完全透明。你可以查
到公司生产每件服装的地点，在布料、裁缝、运输、零售
等环节分别支付的成本，以及公司获得的利润数据。这真
令人惊讶。

请谨记本书常常提到的两点：①遵循常识；②所有信
息早晚都会公之于众。没人能完全保守住自己掌握的信息。
因此，你最好同利益相关者沟通，了解他们重视哪些信息，
把这些信息提供给他们，并且率先这么做。

如果你认为这是一项烦琐的工作，请注意，许多企业
已经发布了解决这些问题甚至更多问题的综合报告[⊜]。在争
取信任的全球化斗争中，那些公平、定期、彻底向公众披
露信息的企业更容易赢得胜利。如果企业善于披露信息，
那么会有更多生存与发展的机会，解释其原因可能需要整
整一本书的篇幅。幸运的是，这本书已经由哈佛大学的鲍
勃·埃克尔斯（Bob Eccles）和迈克·克鲁兹（Mike Krusz）

⊖ Everlane，美国一家服装零售商，主要在网上销售，于 2010 年创立，
总部位于旧金山。——译者注

⊜ 综合报告（Integrated Reporting），也称"整合报告"或"价值总览报
告"，国际综合报告委员会（IIRC）将其定义为："有关某个组织的策略、
治理、业绩和前景如何在外部环境中创造短期、中期和长期价值的情
况的简明沟通。"——译者注

写好了，书名为《一份报告》(*One Report*)[7]，绝对值得一读。

有意义的信息非常重要，它有助于你同利益相关者建立信任关系。因为你说出了重要的事情，采用了合适的渠道，并且没有撒谎，所以这有助于你的声音被认真倾听。这是你赢得的第一条腰带，这条信息黄带会引导你获得下一阶段的橘带，换言之，这会帮助你提高领导力并成长为倾听型领导者。

下一阶段是理解你的利益相关者：认真对待他们，倾听他们的声音并对收到的信息做出回应。这被称作沟通，我们将在下一章详细讨论。

提供有意义的信息的工具

1. 面对面谈话。如果你寻求互动，想要理解并认可利益相关者和你的团队，当受众人数不多且信息较重要时，面对面谈话是提供信息的最佳方式（尽管这么做的机会永远都太少）。面对面谈话具有个人性，因此可以表示认可，表明你重视"第一手的"个人信息。面对面谈话可以采取所有表达方式，包括肢体语言、语调、眼神交流以及所有其他表情。

2. 电子邮件。当面对一个更大的群体（一般不是企业的所有员工或所有利益相关者），信息具有一定的重要性，必须迅速传达，并且直接互动不是首选方式时，电子邮件是提供信息的最佳方式。

向更大范围的受众提供普通信息时，可以使用通俗易懂的语言，只需清楚说明"5W"。邮件可以在 1 秒内发送给受众，并为所有目标受众创造一个公平的信息环境。邮件最好有一个清晰明了的主题，应该让读者看一眼就知道大概的内容。

3. 时事通讯。天哪，又是时事通讯……说实话，我并不是特别喜欢使用这个工具。由于多数人在某种程度上理解了"沟通很重要"，并且仍认为向外传达信息就是沟通，因此企业对时事通讯的使用日益频繁。各部门、各分支部门、项目组甚至慢跑协会都会提供时事通讯。但良药苦口，在某些情况下，时事通讯可能是最佳的信息提供工具。

电子时事通讯几乎没增加什么价值。最好在内部网上创建一个页面，并不断更新上面的信息。你可能发现，使用（推送）电子邮件来提醒受众，并链接到内部网上的页面更有用。

如果你决定提供纸质的时事通讯，那就定期发布。确保时事通讯不要变成许多无关紧要的新闻的汇总，更不要变成"老板每周训话"。

4. 员工杂志。这与讲故事相关。员工杂志给我们提供了一个令人愉悦并具有说明性的平台，可以使用文笔优美、解释深刻的所有新闻报道方式来提供信息。

这份杂志是纸质的还是电子的并不重要，只要能触达所有目标受众即可。如果你的团队成员不使用智能手机或不从事伏案工作（是的，传送带依然存在，尽管已经高度自动化，而且比仅仅几十年前需要更少人员就可以运转），纸质的员工杂志是比电子版更优的选择。

员工杂志是一种新闻产品，可以采取多种形式：简单的新闻片段、新闻分析、报告、采访、基于特定立场的评论、肖像、定期专栏、卡通漫画、重要图片、解释性图片或图表、趣味内容等。

员工杂志的最大优势在于可以讲述精彩故事。例如，一位天生残疾的员工经过艰苦努力大获成功，这可能激励每个人反思多样性，讨论该如何应对逆境，激发对同事的好奇心，并树立榜样。精彩故事的力量在于感动受众，而情感共鸣是有意义的信息带来的宝贵成果。

5. 内部网。在许多企业中，内部网是一种常用工具，能够向所有员工、特定部门或团体提供信息。但别指望人人都会浏览！

多数大型企业都使用内部网把（近乎）所有员工联系在一起。内部网提供的信息越优质，员工就越有可能浏览。内部网趣味盎然和员工杂志通俗易懂具有异曲同工之妙。

内部网的首页应该一目了然地显示最新信息，且必须是重要信息。信息的重要性不仅仅取决于发布者。你可能会认为，企业内自助餐厅的每日菜品介绍无关紧要。

嗯，那就不要插手企业的任何内部沟通或管理职能。相信我，对多数内部网受众而言，每日菜品介绍真的非常重要！

然而，别忘记内部网是一种"拉动媒体"⊖。你不能确保人人阅读发布的信息，这可能是因为他们甚至不会定期浏览内部网。

请注意：内部网是不断变化的。我们注意到越来越多社交工作场所在不断演变，员工们在此相互联系、协作、分享信息和观点。

6. 播客和网络广播。流媒体是内部网的一个子功能，但之所以单独阐述，是因为它至少直接或间接影响视觉和听觉两种感官。动态图像、音乐、声音、色彩增强并丰富了信息。可以问一下年轻人，他们中有多少人会关注 YouTube 上的各类教程。无论是为青少年开设的化妆课，还是用吉他弹奏你最喜欢的埃里克·克莱普顿⊖的曲子，甚至是学习一门语言，你几乎可以找到关于任何主题的视频教程。这些教程通过在简单的文本中添加视觉或听觉维度来传达信息，可以刺激大脑的更多区域，因此更有可能被记住。

⊖ 拉动媒体（Pull Medium），依赖消费者主动搜寻信息内容的媒体，如互联网；与之相对，"推送媒体"是无论受众是否真正需要，都会发送信息的媒体，如电视。——译者注

⊖ 埃里克·克莱普顿（Eric Clapton，1945—），英国音乐家、歌手、词曲作家，曾 18 次获得格莱美奖。——译者注

既然你知道感官有多么强大了，那么不要忘记我们拥有五种感官，并且每种都能够接收信息。你不能运用所有感官（我真的不知道能否用计算机或智能手机传达嗅觉信息。或者你真的想知道马嘴中的气味吗？），但只要与信息内容匹配，就能够运用图像和声音。把马（以及马嘴）展示出来，这样每个人都可以说："我亲眼看到，并亲耳听他说过，所有人都获得了奖金！"如果奖金没有拿到手，嗯，那就祈求上帝，给出个合理的解释吧，比如外星人绑架了你们的首席财务官。

我无法想象，一位企业出版物的编辑会对精彩故事及相关信息不感兴趣。因此，要敢于在企业出版物上申请版面。企业中优秀的沟通人员知道，如果他们能够满足其他同事的动机，那么他们的媒体就会变得更重要，有助于更好地维护受众的利益。

引言与第 1 章需要记住的要点

利益相关者只信任有信誉的人。提供有意义的信息是获得信誉的第一步。要提供有意义的信息，你需要：

1. 把所有事实和盘托出。
2. 使用通俗易懂的语言。
3. 具体扼要且言之有据。
4. 吸引受众的注意力，然后讲述一个故事。
5. 不要拐弯抹角。

6. 要迅速传达信息。

提供有意义的信息会获得利益相关者的回报。有意义的信息或劣质信息对股价的影响，可以在 1 秒后表现在彭博新闻社的数据显示屏上。对其他利益相关者来说同样如此，只要点击一下鼠标，他们就会根据信息的质量对你的公司予以惩罚或奖励。另外要注意，你要主动针对受众采用不同的工具，别指望受众适应你。

首席执行官可以在最高层设定基调，必须擅长传达有意义的信息，必须擅长打造和讲述企业的故事。

千禧世代对操纵与选择自由的看法：谁是决策者

在短短的百年历史中，企业沟通和营销领域已经发生过大量操纵信息和颠倒是非的事件。从误导性广告，到向利益相关者提供精挑细选的信息，这个领域充满了最终用来支持企业自身的流行把戏。因此，普通公众要求信息透明化是可以理解的。现如今，随着信息流动性的提高，人们比以往任何时候都更有可能提出这种要求。然而，建立一个让利益相关者彻底了解企业运作、财务、产品、操作流程来龙去脉的乌托邦的可能性有多大呢？

我不是指那些过于复杂的法律声明，如各类条款和条件。在你急需订购机票时，网页上出现一条消息请你在方框内打钩，表示同意有关条款和条件。但是你的时间不多了，条款大约有 50 页，我敢打赌你不会阅读。即使你阅读了并且对某些条款并不喜欢，在选择乘坐这趟航班和（由于未来你可能会对某些事情负责而）拒绝乘坐这趟航班之间，你仍然可能决定乘坐。现在的问题是，我们能假装是一位知情的利益相关者吗？我们是一位知情的利益相关者吗？我们是一位正式的、根据法律知情的客户（然而并未真正被赋能和授权做到知情）吗？

对于希望能根据相关信息快速做出决策的客户，提供简明扼要的信息会是很好的、真正具有同理心的方式。

尽管越来越多企业被要求信息透明化，但许多《财富》世界 500 强企业仍没有向利益相关者提供完整的财务报表。[8] 举报人和调查性新闻经常曝光那些公开说一套、私下做另一套的企业，这导致人们对企业的幻想破灭，疑虑重重的千禧世代（当然不仅仅是千禧世代）几乎不信任企业。尽管有人说我们千禧世代冷漠、被动，但我看到的是坚定不移的态度和相应的行动：如果你不能从你所在的企业中获取想要的信息，那么就寻找替代选择；如果没有替代选择，那么就去亲自创办一家企业。毕竟，这是一个创业的时代，以前从没有像如今有这么多新兴小企业涌现出来。[9]

因此，要诚实、要透明。我需要知道的最重要的信息是什么？如果我对其中某方面感兴趣，你可以引导我找到所需信息。这不但适用于条款和条件，也适用于产品和流程信息，并且金融业、零售业、服务业都包括在内。请不要使用模棱两可的语言，要提供准确真实的信息。

即使提供了所有信息，人们仍可能争辩道，客户和其他利益相关者在决策时不可避免会受到某些因素的影响——从植入式广告到在产品旁边展示理想生活方式的广告等，这些营销做法都可以影响利益相关者的决策。在畅销书《隐藏的说客》（*The Hidden Persuader*）中，万斯·帕卡德（Vance Packard）阐述了利用心理学技巧大规模操纵人群的残酷现实。[10]

千禧世代越来越多地问自己：在这个问题上我有发言权吗？谁下令说我需要那个产品？谁权衡企业内部以及整个经济体系各领域内事项的轻重缓急？我愿意把这个不可避免会影响到我的决策委托给谁？

读一下《爱德曼全球信任度调查报告》就会发现，科学家、研究者等专业人员具有良好的记录和信誉。但是只有学术界存在一个同行团体负责惩处提供不准确信息、捏造数字和事实的人。在学术界，甚至有大学和商学院为了争夺最好的生源、捐款和奖项而展开激烈竞争。

经验——经历并处理过棘手问题，可能会让你自认为更有资格赢得信誉。在大多数情况下，这个观点可能正确无误。然而，经验是主观的，并且依赖于具体的环境，因此一位实务者不能代表所有人。

下一类可能有权为社会做决定的人是公民自己。在某些非常重要的问题上，人人都有发言权。然而我们通常任命政治人物做多数决策。可以说，随着社交媒体的兴起，普通公民已经要求部分收回这方面的权利。千禧世代往往更信任身边的人而不是专业人员。[11]

上述以及其他类别的人都不能单独被认为是最终的专业人员和最终的决策制定者。每一类人都有自己的思维模式、优先事项和兴趣爱好，彼此只能通过辩论交流来共同确定可能的最佳解决方案。这事关真正的沟通。

这是千禧世代极度渴望并大力推动的事物。

The Listening
Leader

How to Drive Performance
by Using Communicative
Leadership

第 2 章

沟通
建立对话

- 多角度倾听的重要性。

- 正确传达反馈信息的力量。

- 如何与此前不了解的受众互动，如何与一大群人建立对话？

- 冷（技术性）沟通与暖（个人性）沟通的关键区别。

- 同千禧世代的沟通、同先前世代的沟通以及各世代内部的沟通，为什么既有相似点，又有不同点？

沟通这一话题存在两大误解：第一个误解涉及沟通的真正意义，而第二个误解是人们认为认真倾听的力量很小。

沟通的真正意义是什么？我们经常会听到下面的谎言，某人在洗碗时违心地对伴侣说："亲爱的，我当然喜欢洗碗。"但世界上最大的谎言是管理者说："我在沟通。"实际上，管理者的意思是"我在告知"。无论做出什么决策，这位管理者都会说"让我们沟通一下"，但他真正的意思是不得不把这个决策告知利益相关者。这不是真正的沟通——沟通是对话，而告知是独白。沟通是人员与组织之间的交流。这可能会导致采纳对方的观点（辩证式沟通），或者只是在倾听并真正理解了对方的观点之后，认清两种不同的立场，从而加深理解（对话式沟通）。[1]但无论属于以上哪种，沟通都是一种双方都倾听和讲话的交流。

你不是**对**某人沟通。语言体现了真相：当听到有人说"我正对……沟通"时，我知道，他并非在沟通，而是在传达信息。你应该**与**某人沟通。

新任首席执行官要学会倾听

多年前我曾担任伊娃（Eva）的顾问，她在被任命为首席执行官后与我取得联系，寻求有关沟通策略的建议。她将于当年 9 月 1 日正式上任，而任命通知会于 6 月公布。伊娃告诉我，她将逐渐脱离当前的工作并移交给继任者，在暑期休息一下然后走上新岗位。她的第一个问题关于"100 天暂停"。这一期限通常由公众授权给商界和政界的重要人物，让他们有 100 天时间准备并公开声明自己的计划——你可以称之为这些人的策略。富兰克林·罗斯福是最早要求并获得 100 天暂停的人。我告诉伊娃，如果 3 个月之后才去拜会客户、员工、投资者甚至监管者，那么这些利益相关者会非常不满。"你不是罗斯福，没有需要宣布的'新政'。"

她回应道："但我能告诉他们什么呢？我必须先了解该公司面临的问题和遭遇的挑战，必须先认识最重要的经理、董事，然后才能有的放矢。"当然，她的想法非常正确，表明她很严肃地对待自己的新工作，并不想鲁莽行事。我对当时的场景记忆犹新，因为正是在那个时刻，针对她提出的合理问题，我一直在倡导的沟通理论给出了一个简单答案。如果沟通是一条双行道，那么首先是倾听，然后才是讲话，这就是我对她的问题给出的解答。她应从倾听开始。

为此，我们制订了一份计划，让她在开始新工作之前与利益相关者取得联系。除了询问下述问题，什么都不说：公司的战略存在什么问题吗？首席执行官应该优先做什么？短期内最紧迫的问题是什么？5 年或 10 年后这家公司会发展至什么水平？这样她就可以尽快接触所有重要人物，对他们表示关心和尊重。最能够对他人表示尊重的事情就是倾听其心声。伊娃在上任第一天首次参加了员工大会。她做了自我介绍，谈论了自己的角色，并补充道："这是我上任的第一天，别指望我告诉你们会改革什么以及我要做什么，现在还不是时候。请给我一点时间，让我了解公司在管理方面存在的重要问题。首先，关于应该做什么，我必须了解主要利益相关者的观点，而你们（这家公司的员工们）是最主要的利益相关者之一。这就是我今天（上任第一天）来这里的原因。因此，让我们充分利用今天的时间。你们比我更了解这家公司，现在请告诉我：我们的战略存在什么问题？"在长达两个多小时的时间里，她问了大量问题，也得到了许多答案。有些比较犀利，但都非常有意义。员工大会结束时，她表示非常感谢大家吐露心声，接下来将继续与其他利益相关者交流，预计到 12 月 1 日就能够对员工们提出的问题给出回应。伊娃承诺将在当年 12 月 1 日再次召开员工大会，与大家分享拟议的战略。与此同时，她表示欢迎大家通过电子邮件给她提供更多意见。故事还在继续。但在此处，重要的是理解真正的沟通的力量。伊娃后来成为一名非常成功的领导者，现在已退休，担任许多年轻经理的导师。她的成功并非完全源自良好的沟通，但确实受益于此。

后来我多次使用上述流程。现在有人称之为"埃米利奥网格"，在第 5 章"利益相关者网格"部分有更详细的论述。

真正重要的是，要想成为一名倾听型领导者，你必须不仅擅长提供有意义的信息，而且要获得橘带，即掌握沟通。没必要绝望，人人都可以学会沟通——无论内向还是外向。有人可能会怀疑，内向的人能成为好的倾听者吗？嗯，擅长沟通的领导者基本上都是优秀的倾听者，无关其内向或外向。这就是为什么我称其为"倾听型领导者"。

正如雷蒙斯乐队[⊖]唱的歌词："你得学会倾听，倾听才能学会。"

但什么时候我们需要学会沟通呢？

　　⊖　雷蒙斯乐队（The Ramones），美国的一支朋克摇滚乐队，于 1974 年在纽约成立，1996 年解散。——译者注

沟通的目的

沟通是引发有效行动和推进变革的四个重要里程碑之一。如果你想要推进变革，那么需要进行沟通。沟通有助于理解利益相关者。如果你倾听利益相关者的意见，就能够不断调整自己的工作，从而满足他们的需求。你可以邀请他们加入你成为倾听型领导者的旅程。无论利益相关者是老板、内部客户、外部客户、代理商还是员工，都可以受到邀请。沟通让我们既能告知又能学习：要么利益相关者由于学到了某些知识而能更充分地理解他人的观点，要么你由于学到了某些知识而改变了所做之事和做事的方式，但只有双方都做出改变才能顺利沟通。所以，我们必须有做出改变的意愿，愿意接受并倾听他人的观点。

利用良好的沟通，倾听型领导者可以逐渐成长为一名更优秀的领导者。进行良好的沟通意味着建立对话，为结构化的倾听过程创造前提，进而采纳人们的意见，从而帮助调整企业的战略。只有认识到并理解利益相关者的需求，领导者才能提高自己和员工的绩效。领导者会理解何处需要人们做得更好，并进行授权以便把他们转变为变革的推进者。但只有在进行了真诚的沟通、认真的倾听并采取了相应的举措后，你才能做到这一切。

从伯里克利⊖到克劳塞维茨⊜，从毛奇⊜到明茨伯格⊕，所有重要的战略专家都认为战略灵活多变，你既需要怀有关于目标的远见，又需要具有一定的灵活性，根据环境变化不断调整战略。而"环境"就是利益相关者，通常用所谓的"市场"来代指，由投资者、同行、客户、从事研究的学术界、就业市场上的新人才、取决于监管者和立法者的法规等因素构成。所谓起初就策划和设计好的战略（从 A 到 Z 的完美战略），通常只是事后对结果的神秘化。真正完美的战略是通往成功的战略，而这只有在作为领导者的你愿意做出改变时才能制定出。为此，你需要掌握沟通技巧。

进行良好的沟通，旨在帮助你成为一名更优秀的领导者，从而为自己和雇主创造更卓越的绩效。当你通过采纳利益相关者的意见而变得更强大时，你做出的决策也更容易被接受，因为他们会看到自己的意见确实体现在决策中。他们会像你一样积极参与战略决策。

让利益相关者积极参与决策，将更有可能让他们给出

⊖ 伯里克利（Pericles，495BC—429BC），古希腊雅典黄金时期具有重要影响的领导人。——译者注

⊜ 克劳塞维茨（Clausewitz，1780—1831），普鲁士军事理论家，代表作《战争论》。——译者注

⊜ 毛奇（Moltke，1800—1891），普鲁士和德国名将，为德意志统一做出重大贡献。——译者注

⊕ 亨利·明茨伯格（Henry Mintzberg，1939—），加拿大战略管理理论家，代表作《战略历程》。——译者注

经营许可，并授予你作为一名领导者所需的合法性。如果利益相关者、员工、同事、客户切实与你沟通，那么他们可能准备接受你，并在你的沟通型领导力之旅中忠诚地陪伴你、批判性地给出你意见并积极地支持你。

那么，该如何进行沟通呢？开展一场对话的方式有很多，让我们审视一下商业环境中最常见的几种方式。

为什么首席执行官很关键

企业高层领导者所处的位置是所有利益的交汇点或冲突点。首席执行官是平衡不同利益相关者需求的最后手段，也是利益相关者之间适当平衡的象征。如果首席执行官设法兼顾利益相关者和企业的需求，那么就可谓成功，能够推动企业蓬勃发展。首席执行官必须能够与所有利益集团联络，想他们之所想；首席执行官也是利益相关者的申诉专员，发挥终审法院的功能。如果失去利益相关者的支持，那么首席执行官可能丢掉工作。

因此，通过沟通来领导团队符合首席执行官的最大利益。欧洲工商管理学院的教师彼得·扎博伊言简意赅地写道："现代领导力主要是沟通。"[2] 担任教师前，他曾是一名成功的领导者和首席执行官。

工作岗位的应聘者应该仔细审视首席执行官是不是一

名倾听型领导者。有许多方法可以查明这一点。例如，应聘者可以查看该企业的网站和年度报告，其中客户被提及的频率有多高？关于客户绩效，企业提供了多少数据和信息？是否提供了有关员工敬业度的信息？

此外，还可以在企业的出版物中寻找关键绩效指标。我并不盲目相信罗伯特·卡普兰[一]所说的"你只能管理自己能测量的事物"，但多数对所谓"软因素"持怀疑态度的人都（错误地）相信这个观点。如果你查看企业出版物中关于股东的关键绩效指标，就会发现整本出版物都在谈论如何测量利润率。所以，让我们相信出版物中的话吧：在出版物中，哪些地方提到了员工、客户与社会？这几种利益相关者都位于投资者之后吗？

关于企业与利益相关者的沟通状况，为什么查阅相关事实和数据如此重要？因为话谁都会说，但是只有可证实的事实和数据才是奠定信任（相信企业进行沟通的诚意）基础的最佳方式。如果沟通是诚挚的，那么它将奠定真正倾听的基础。首席执行官必须证明自己在诚挚地倾听，并且只有可靠、可证实的事实和数据才能表明企业履行了承诺。如同财务报告，相关数据最好由独立的审计师验证与核实。

[一] 罗伯特·卡普兰（Robert S. Kaplan，1940— ），哈佛商学院领导力开发领域的荣誉退休教授，与诺顿共同开发了平衡计分卡。——译者注

"暖沟通"与"冷沟通"

我对暖沟通与冷沟通进行了区分。冷沟通是技术性的、通过电子渠道或印刷品进行的，是一种通过技术工具进行交流的过渡类型。例如，每周的电话会议就是冷沟通，你可以通过电话会议分享信息、询问并回答问题。可以说，冷沟通通常只能刺激一种感官（听觉或视觉），在我们的例子中是倾听某人讲话或阅读文件。

暖沟通指的是人们亲自见面，彼此交流，可以同时刺激两种感官（听觉和视觉），能够实现冷沟通无法做到的多维度沟通：重音、语调、音量、肢体语言等。

两种沟通都具有潜在的互动性和即时性，否则就不能被称为沟通了。

若对两者进行比较，我认为暖沟通往往比冷沟通更可取，因为前者能传达更丰富的情感，有助于理解肢体语言，是一种整体性的相互倾听行为，也更个人化。然而对于大多数人，冷沟通往往是快速展开对话的唯一方法。

沟通不应是一次孤立事件，而应成为一种习惯、一种经常性交流。正如我们所见，与利益相关者的对话具有目的性，因此可以将其视作一次旅行。既然是旅行，那就可以采取不同的交通方式：步行、骑马，或乘汽车、火车、轮船、飞机等。一次成功的旅行会把尽可能多的暖沟通要素融入沟通过程。即使冷沟通可能日益流行，但仍应该尽可能保持个人化。"热心之人"比"冷酷之人"更容易被接受，记住这一点会让你受益。

你能与大量受众坦率沟通吗

个人化沟通必然发生在某个地点，也就是特定的实体位置。因此，进行暖沟通的第一个限制是可用空间。但即使可以使用一个能够容纳 15 万人的体育场，你也会遇到沟通人数的限制。坦率地讲，我不认为在一个大型体育场中能进行真正的沟通。目前，世界上最大的足球场当属平壤五一体育场。[一]但是很显然，在这里举行的宣传活动绝非"沟通"。

我曾经认为，在员工大会上可以进行良好的沟通。但是现在，我必须坦诚地说，经验告诉我，事实并非总是如此。你可以像前文提到的伊娃那样，把员工大会当作收集意见的机会。你可以在会上进行初步对话，交换意见，询问或回答问题。你也可以进行现场调查，让受众通过手动或远程投票来共同决定讨论的话题。相比于在员工大会上仅仅告知参会者某些信息，加入对话成分往往会更好。

你或许能够与一大群人建立联系。通过恳求、反问或提出封闭性问题（只能回答"是"或"否"的问题）可

[一] 该体育场位于朝鲜首都平壤市的大同江绫罗岛上，竣工于 1989 年 5 月 1 日，故得名"五一体育场"。——译者注

以缩短与人们的距离；通过投票、鼓掌可以得到简单答案。但说实话，你有多大可能必须面对15万人，并指望与他们对话？普通读者很少会面临在山上或体育场中与成千上万人进行对话的挑战。

事实上，在大规模群体中，你不可能进行坦率沟通，只有身处足够安全的环境中，人们才会全盘说出真相。面对数百人时，人们难以阐述一个非主流观点。但恰恰因为该观点非主流，所以才可能扭转局势。因此，我们不得不接受下述事实：在大规模群体中，诚实坦率的沟通难以进行，且几乎不可能。

南希·克莱恩（Nancy Kline）是倾听领域的著名人物，也是一位作家、教练与研究者，她基于自己丰富的经验指出，可以坦率沟通的人数上限是12人："团队的最大规模是12名成员，在不多于12人的团队中人们感到足够安全，可以畅所欲言。召集200名员工宣布政策变化，然后允许参会者提问和评论，这实际上根本无法实现坦率沟通。面对如此多的同事，多数人都不会站起来发言。"[3]

13个人共进"最后的晚餐"，这或许不是巧合，但对坦率沟通而言恰好多了1个人，即犹大……

我们可以确定，无论是在五一体育场上还是在200人参加的员工大会上都不可能进行良好的沟通，但可以通过其他渠道与受众热情沟通，例如团队会议、一对一谈话、投资者路演、客户会议、开放日等。

那么，在必要时，你该如何联系超过 12 个人呢？通过分组和级联。例如，可以让同事、伙伴以及其他管理者建立人数较少的对话论坛，研讨会经常采取这种办法。

个人化暖沟通的效果非常突出，以致相关做法会受到推崇。试想一下自身的情况：如果你和少数几位同事参加了首席执行官主持的一个小型会议，而不是参加200 人的员工大会，有没有觉得自己的存在感与参与感更强？

与大量受众坦率沟通对大型企业的领导者而言是一个挑战，但可以设法解决，即暖沟通与冷沟通相结合。

真正的倾听

2015 年，在安联集团为我举行正式欢送会的几周后，我的团队组织了一场精彩的半私人欢送会。这场欢送会非常感人。由于妻子去参加另一个活动了，所以得带着我 3 岁的儿子，我感到非常累。他非常受前同事们宠爱，但欢送会举行的时间不早了，他肯定想好好睡一觉。于是，我向客人们道别，并与尤塔（Jutta）握手，她是我非常密切的合作伙伴，能够完美地平衡我脾气暴躁的领导方式。她非常文静，情绪稳定，善于反思，判断准确，但也少言寡语。她仅仅是看着我，脸上浮现出祝福的笑容，甚至比蒙娜丽莎更美。她微微点了点头。

我只是将其作为对我们一起工作（通过各自方法和性格方面的互补来解决若干微妙问题）的所有美好时光和糟糕时刻的感谢。于是我说："和你合作很愉快，谢谢。"她保持着微笑，然后我们就分别了。

就在第二天，我们不得不讨论一个非常有吸引力的工作调动，尤塔获得了企业内部的一个机会。在她与一家分公司的首席执行官泽维尔（Xavier）就新工作进行最后确认之前，我向她建议，要考虑到首席执行官与她说不同的语言（有着不同的语言体系）。尤塔的语言理性，着眼于工作描述、清晰的目标、关键绩效指标、合适的预期管理。我非常了解她，并且我知道她会根据人们的期望和如何衡量她的成功来做决策并询问首席执行官。但我也非常了解泽维尔，他是一位崇尚个人忠诚和企业忠诚的领导者，习惯同"哥们儿"一起工作，实际上，在与我谈论尤塔时，他两次使用了这个词。他说："我认为尤塔能成为哥们儿，她会成为领导团队的一员，是我想与之一起管理这家分公司的哥们儿。"因此，我建议尤塔，她可能需要在与首席执行官讨论时做出妥协，在寻求精确的工作框架与泽维尔要求确保的领导团队成员值得信任之间寻求折中。我告诉尤塔："你看，人们说着不同的语言。你不是一个啰唆的人，你很少用语言表达任何感情。昨天，当我们在欢送会上说再见的时候，我把你的表情解读为对我们长期合作的感谢。我可能错了，但我感觉你是这样表达感情的，而不是口头上说出来……"

一阵沉默。然后她清了清嗓子说："你说得完全正确。"停顿一下，她又说了一遍："你说得完全正确。"

人们说着不同的语言，只要稍微专注一点，我们就能学会倾听这些不同的语言，理解并予以回应。

在更深入地阐述倾听的不同维度前，我们先暂停一下。

对于倾听型领导者，除了赢得声誉外，关于良好倾听最重要的现实目标是什么？

现实目标有两个。第一，学习和切实理解。管理倾听的过程让我们能够学习并把他人的意见纳入行动或战略，丰富并提高管理行为的质量，使其更具可持续性，立足于更坚实的基础。这犹如给凳子多加一条腿。

第二，认识到倾听的重要性，从而在公认的市场机制中为企业和社会创造更大的利益。这可能会使企业获得经营许可，并因此实现繁荣发展。

然而，关于倾听最重要的一点是：良好倾听是一种美妙的经历。即使你对他人不感兴趣，良好倾听也会打开一扇门，有助于你与他人建立信任，丰富你的知识和感受，并获得纯粹的享受。

理查德·桑内特（Richard Sennett）解释道，良好倾听的技巧在于："给出回应前，密切关注并解读他人的话，理解其动作、沉默以及声明。"[4] 我喜欢这个定义——这是用一句话能做出的最佳定义。

倾听的不同维度

我们表达感情和思想的方式很多：从说话到咕哝、翻白眼、愤怒地挥舞手臂、吼叫，再到干脆沉默。如果切实，那么我们最好交换观点，而不仅仅发送这些信号，我们应该开始学会解读它们，学会倾听。关于良好的倾听，你需要知道的第一点就是南半球的明星商业教练（毕竟她来自新西兰）安妮·斯库拉做出的精彩总结。针对问题"如何才能更好地倾听？"，她答道："第一步：停止讲话！"[5]

保持安静或合理的沉默

当我还是一名年轻记者时，导师佛朗哥·米米（Franco Mimmi）教给我一个极其有用的技巧。他是一位非常优秀的记者，也是一位优秀的小说家，他知识渊博、足智多谋。我告诉他，我非常害怕采访经验丰富的政治家、成熟的央行行长，以及在我成年前就已长期任职的首席执行官。他给我讲了古希腊哲学家芝诺[○]的名言："我们有两只耳朵但是只有一张嘴的原因是，我们应该多听少说。"关于采访政界和商界领袖，他给我提供了非常实用的建议："保持沉默。让他们讲。敢于住嘴，不要害怕冷场。他们会告诉你一切。"他说得太对了。

起初，这只是一个让我获得新闻素材的小技巧，后来却成为我真心向他人学习的有力手段。这个技巧有助于真正与他人分享知识、感情与经验。实际上，保持沉默有更高的价值，能产生巨大影响并建立信任。因此，请尝试保持沉默。保持沉默不会让你失望。或者正如南希·克莱恩所言："想想看，你能保持沉默多久，并让他人把想法讲出来。只要你偶尔善意地附和，点头或微笑以示理解，时不时问几个问题，促使对方进一步思考，那么你对面的人可能就会变成一名天才——至少在当时如此。"⁶

不要打断他人

在意大利等喜好闲聊的国家，人们在讲话时能够接受被频繁打断。当爱尔兰人坐在酒吧里时，谈话内容会分为

○ 芝诺（Zeno），古希腊哲学家，亚里士多德视其为辩证法的发明者。——译者注

不同层面，这就像人人都在编织一张复杂的蜘蛛网，但在某种程度上仍然围绕一根红线。在德国生活的爱尔兰人詹姆斯·麦凯布（James McCabe）是我的好友，也是一名诗人，他敏锐地观察到酒吧里的德国人"可能会像海盗那样在收到赏金后喝得酩酊大醉，但只有奥托（Otto）把话说完后，弗朗茨（Franz）才会打着酒嗝说出自己的看法。在德国人说出自己对上次足球德比[⊖]（Football Derby）中那个可疑判罚的基本看法前，人们不会打断他"。这是德语的一个独特之处，动词出现在句子（有时是非常长的句子）的最后。因此，如果你想要知道德语故事的主人公不幸遇难还是幸免于难，必须听到故事的最后一个词才行。这就是我，一位性格外向的意大利男性，搬到德国后学会倾听的方式。这突然让我相信，在其他国家，不打断别人也是一件好事。当然，打断别人显得粗鲁，但主要是愚蠢。因为只有人人都有机会充分阐述自己的观点而不被打断，才是相互尊重的对话。尊重有助于把不可想象的观点表达出来，而无须担心被嘲笑，也有助于凸显出可能改变企业整个业务版图的某项贡献。

⊖ 体育术语，指球队之间的比赛、对抗等。——译者注

适当反馈

如果你想知道反馈有什么用，那么可以与团队成员玩一轮"传话游戏"（Chinese Whispers）。游戏规则很简单：参加者只能向右边的人转述从左边的人那里听到的话，并且只有一次转述机会，过程中不允许相互讨论。你先在第一个人的耳边低声说几句话，然后此人对下一个人低声转述，以此类推，直到最后一个人听到转述，并大声说出他听到的话。我经常和学生们玩这个游戏，结果总是令人吃惊。你刚开始说的可能是柔情细语的"漂亮女士"（Nice Lady），最后一个人大声说出的却可能是连环杀手的供词"切成片的婴儿"（Sliced Baby）。这是怎么造成的？因为游戏规则切断了反馈，而反馈恰恰有助于我们核实是否听清了对方的话。

反馈要想取得效果，那就不能是被迫的。获得反馈的人必须愿意接受，且主动寻求反馈。如果对方对反馈不感兴趣，那么你最好住嘴。如果你想要成长，那么应该寻求反馈。

反馈必须具体，聚焦于行为、事件或已说过的话。反馈不是对个人的评判，而是对具体事件的回应。

如果你想让他人接受反馈，那么正面反馈与负面反馈的比例最好维持在 3 ： 1 。[7]

糟糕的倾听者

达努塔（Danuta）极为聪明，是波兰一家管理咨询公司的股权合伙人。她成功管理着一个关键客户，然而，她不明白为什么自己一直不能赢得新客户，尽管她提出了令人信服的方案。我对此也感到困惑。在我们初次会面时，达努塔表现得非常积极，主动向我介绍她趣味横生的生活和职业，以及她想要实现的成就。然而，一旦我开始教练辅导，达努塔显然听不进去。她与潜在的新客户谈话时，会告诉他们自己和企业的一切，但都是单向地告知信息。对于客户的业务、挑战、愿望与需求，她从不询问。她忙于讲话而没时间倾听并找出真相，因此也就没有想自己能帮上客户什么忙。她刚刚对我说完，我抓住机会提出一个问题，结果被她中途打断了，她自以为知道我想说什么，实际上她并不知道。她忙着对我讲话（回答一个我没有问的问题），而没有注意到我在提问她。因此，她一讲完，我又试着提问了一次，结果再次被她打断。我开始理解潜在的新客户的感受。作为她的教练，我可以给她真实的反馈，告诉她我的感受，以及其他人对她的看法。她的沟通方式难以建立融洽的、相互信任的、良好的职业关系，但倾听可以做到。

"积极倾听"的陷阱

走捷径获得的结果可能适得其反。你可以找到许多关于倾听的好建议：频繁点头，总结对方所言，转述对方的话，表明你在听且听明白了，用身体语言表明你对话题感兴趣——身体不要靠在椅背上且不要把脚放桌子上。这些举措有时会被称为"积极倾听"。除了让我感到有点不适之外，没有其他坏处，不过是假装倾听的"把戏"而已。例如，通过完善的教练辅导练习，我们了解到转述不一定是最好的做法：如果某人使用了一个特殊词汇，她的意思只有那个词才能表达出来，同义词不行。而转述只能表明你可以为这个词找到一个意思差不多的其他词。这是一项非常好的技能，但不是良好倾听的证据。设想一下，你正和老板谈话，他练习了上述所有"积极倾听"的"把戏"。难道你不会察觉到并感到非常厌烦吗？这些把戏会给人一种工具性的、机械性的、刻意策划的、不真诚的感觉。

当然，并非总是如此。

如果倾听的文化真的缺失，或者，如果"健谈先生"突然使用了上述某一个技巧，那么它可能会转变成一项有用的练习，尽管用起来可能显得生硬。

倾听的怪物

　　我曾经怀着从未有过的羞耻感，渴望在会议室找个地缝儿钻进去。事情发生在与托尼（Tony）进行了一次艰难的预备会议之后。托尼是一位有着顾问背景的高度自信的管理者，他在多数领域都非常优秀，但在倾听方面绝对不行。现在他已被提拔至最高管理岗位（首席执行官），领导一个高管团队，并依赖该团队的支持。我们在预备会议上讨论了倾听的重要性，他做了大量笔记，询问了许多问题，对于倾听为什么可以帮助他在组织中成长的问题，他似乎已经明白了答案的关键。第二天，我参加了该高管团队的会议。伊戈尔（Igor）被要求向大家通报一个重要市场的最新发展形势。该市场的业务一直处于亏损状态，人们对伊戈尔的信心已经丧失，尽管他受到这位首席执行官（托尼）的重用，但仍可能被解雇。伊戈尔开始阐述，托尼突然（至少在我看来如此）把椅子转向伊戈尔，右肘放在膝盖上，头靠在拳头上，紧紧盯着伊戈尔。他似乎要把伊戈尔说出的每个词记住，他用力地点头，对着伊戈尔微笑……他应用的前一天的技巧越多，我就感到越汗颜，场面尴尬至极。托尼的姿势极其夸张和做作，我觉得不仅伊戈尔本人，全体参会者都感觉到了托尼不过是在假装倾听，这种态度比心不在焉地打瞌睡还要糟糕。我知道我要对此负责。我作法自毙，创造了这个"倾听的怪物"、这个"假装倾听的机器人"。这会成为一场灾难。我真想找个地缝儿钻进去。会议结束后伊戈尔来找我，并询问是否可以谈谈，我真想溜之大吉。我猜，留在此地担任顾问的日子可能不多了。他会发现我是这场虚伪的怪异表演的始作俑者，恨不得"除之而后快"。但伊戈尔笑容满面地说："你已经看到了？你能相信吗？这是我有生以来第一次见到托尼认真倾听！"实际发生的事情令我意外，当时伊戈尔并没有在意托尼的做作，他只是头一次不被打断、不被纠正，没有被托尼强行灌输通常用来炫耀高智商的顾问术语。这在伊戈尔看来非常稀奇，以致没有察觉到托尼进行倾听练习时的笨拙表现。其他参会者同样没有察觉。这个把戏竟然奏效了。

理解说话者

肢体语言本身是一门技艺。有许多关于肢体语言的图书，其中一些附有有趣的插图。最有趣的是那些意大利语图书。很少有人知道，1860 年新成立的意大利王国⊖只有不到 10% 的人讲意大利语。1860 年前，统一的意大利并不存在，也没有说同种语言的意大利人。那时人们讲那不勒斯

⊖ 原书似有误。1861 年 3 月 17 日，意大利王国正式宣布成立。——译者注

语、威尼斯语、皮埃蒙特语、撒丁语、西西里语等，各地的人互不理解。直到今天，我仍然听不懂撒丁语。除此之外，意大利曾被阿拉伯人、西班牙人、奥地利人、法国人等所统治，是多个城邦、地区、公国、王国的大杂烩。这就解释了为什么意大利人说话时会用各种手势——为了弥补与政府（外国统治者的代表）之间的语言隔阂。我的同胞各自使用着差异巨大的语言和方言。

这种肢体语言的早期训练让我意识到非语言表达方面的许多细微差别。

从小时候起，我就参加各种家庭仪式和活动，而且无论我是否喜欢都必须参加。某一次，我与一位伙伴玩了一个游戏。虽然我们只是在谈论足球，但会把手放在脸上或插到头发中，做出惊恐的表情四目相对，这时周围的人马上停止说话并看向我们，他们脸上浮现出我们即将面临灾难的表情。这时我俩大笑起来，取笑那些被恶作剧吓坏的叔叔阿姨们。父亲为此打了我一耳光，一想到这事，我的耳朵似乎仍隐隐作痛。我俩的表演很成功，也让我体验到了肢体语言的"力量"。

过去数十年中，神经学的进步使我们能够更充分地理解面部表情。当我们说话时，眼神游离可能表明正试图记住某事（看向左上角），或者正试图想象某些意外之事（看向

右上角）。如果眼球向左转，可能表明我们正试图记住听说
的某事；如果眼球向右转，可能表明我们正试图发出一种前
所未有的声音。如果眼睛看向左下方，那么表明我们只是在
自问某些事；如果眼睛看向右下方，那么表明我们正在体验
某种感觉。在神经语言程序学的创始人约翰·葛瑞德⊖、理
查·班德勒⊜的启发下，在该领域已经出版了许多图书。

对于倾听型领导者，关键是要认识到我们有三种基本
思维模式：视觉思维模式、听觉思维模式、感觉思维模式。
多数人都有自己的偏好。一部分人可以看到一幅记忆中的
场景：人们围坐在桌子旁，各自的着装如何，夏日阳光明
媚还是天气阴沉；一部分人可能记得某天的优美音乐广播、
祖父的声音、厨房中碗碟的声响；还有一部分人可能会告诉
你某天他们的确切感觉，是否牵着姐妹的手，端上来的咖
啡是否刚煮好、正散发出淡淡的香味。

了解这些不同的思维模式有助于我们更充分地理解他
人，向不同的人提出不同的问题，激发他们根据自己最擅
长的思维模式进行表达，从而更有技巧地倾听。如果你知
道他们喜欢哪种思维模式，就能够让他们以最完美的方式

⊖ 约翰·葛瑞德（John Grinder，1940—），美国语言学家、管理顾
问。——译者注

⊜ 理查·班德勒（Richard Bandler，1950—），美国作家、自助领域的培
训师。——译者注

展示自我，从而得到最大的收获。[8]

如果你想知道自己是不是一名优秀的倾听型领导者，可以做一个简单测验。这项测验出自通用电气，后来为了从更大读者群中获益，以《留住好员工：爱他们，还是失去他们》的精彩书名出版。这项测验具体如下：现在立刻停下手头的事情，写下本周你从员工身上了解到的三四件事，可以是他们提出的流程改进建议、他们面临的客户（或家庭）困境，也可以是他们正努力解决的团队问题等。如果不能列出从员工那里了解到的三四件事，那么就表明你可能没有足够认真地倾听你的员工说了什么。[9]

良好的沟通及其对企业成果的影响

管理者需要完成任务，而且他们必须根据目标执行任务。实现目标的过程是长是短取决于他们所在的企业和从事的工作，实现目标可能是一项持续的挑战，经常令人沮丧，对有些人而言，目标甚至是威胁。在面临重重压力的情况下，为什么人们要考虑付出额外努力进行更好的沟通而不是"仅仅完成任务"？

原因是良好的沟通有助于开展工作、提高组织绩效，因此可以让你超额完成任务。

贝恩咨询公司发现，一个简单问题的答案可以让企业预测自身的利润增长。[10]

　　这个问题是："你会把我们推荐给你的某位朋友吗？"客户可以给出 0 ～ 10 分的答案：0 ～ 6 分表明客户对企业持批评态度，7 ～ 8 分表明客户持中立态度，9 ～ 10 分表明客户持肯定态度。进而，你用持肯定态度的客户的百分比，减去持批评态度的客户的百分比，就能够得出净推荐值。一流企业的净推荐值位于 50% ～ 80%；多数企业的净推荐值位于 5% ～ 10%；也有一些企业的净推荐值为负数，这表明它们每天都在流失客户，即使大举收购新业务（这是一项非常昂贵的举措）也无法增加客户。安联、苹果、乐高、飞利浦、前进保险公司等许多优秀企业都把净推荐值作为衡量客户的关键绩效指标。

　　净推荐值分析有助于我们审视企业的整个价值链，识别所有关键时刻以及影响客户对企业做出推荐决定的所有因素。一位保险代理人在为某位客户当面提供建议时接听另一位客户的电话，这个简单举动导致他永远不会获得 10 分的肯定，哪怕提供的建议再好都没用。在谈论老年保险事宜的过程中被电话打断是非常令人恼火的，而在从承保到付款的整个保险关系中这种恼怒情绪绝不会消失。

　　净推荐值分析有助于我们维持热情的客户，在各个规模的企业、所有行业（特别是零售业）以及企业对企业业务中莫不如此。热情的客户和支持者会谈论自身的经历，积极主动地推动新业务发展壮大。每个人都会承认这是一种非常好的让企业利润实现增长的方式。

在安联集团，我们发现良好的沟通与利润增长之间存在非常强的相关性。为进一步调查，我们与贝恩公司、媒体分析公司 Media Tenor 密切合作，把良好的内外部沟通与利润增长联系起来。

通过这个项目，我们发现，落后的企业、丧失市场份额的企业以及可持续利润减少的企业往往存在不良的沟通习惯，并且员工给管理者的打分较低。在客户忠诚度方面领先的企业、市场份额更高的企业以及利润增长超过市场平均水平的企业往往具有良好的沟通习惯和敬业的员工。更详细的讨论参见第 7 章。

总而言之，努力进行更好的沟通以及学会倾听是企业的明智之举。

现在我们来讨论良好的沟通如何影响企业的成果。

沟通使我们得以知道、理解并反思利益相关者的利益，并把他们的利益纳入决策过程。一般而言，企业的成功是在热情的利益相关者（给出 10 分的人）和利润可持续增长的利益之间取得合适平衡的结果。

为什么企业不能与利益相关者以公允态度提供的意见保持一致，并完全照他们说的做呢？

为表明一种论点，有时需要扩充论据或者夸大其词。

因此，让我们设想一下，盲目遵从利益相关者的意见行事意味着什么。举个极端的例子，我称之为激发利益相关者热情的夸张手法。

什么会让个别利益相关者高兴而让企业破产呢？质量一流的免费产品会激发客户的热情；把企业的全部营业额作为股息，可以让投资者高兴；对利润缴纳 100% 的税会让财政大臣喜笑颜开；宣布所有员工的工资涨到现在的 5 倍，并且每周只需工作 5 个小时，能够让员工们欢呼雀跃。在短时间内，人人都会欢欣鼓舞，但这段时间过后企业注定破产。

我们还可以设想一下什么会让企业高兴但依然使得企业走向破产：从不支付任何股息，激怒投资者，以高昂价格出售劣质产品，赶跑客户，精心避税甚至逃税，不符合税务机关的要求等。

因此，利益相关者可能获得的最佳结果与企业可能获得的最佳结果匹配的难度很大。只有整个组织与利益相关者明智地互动，将其利益与企业的整体利益相协调，征求他们的意见，并据此调整战略和行为，从而不断重塑自身，两者才能真正匹配。对上述行为做出解释的难度同样很大，因此企业需要透明化。如果企业的行为能让利益相关者受益，那么它就会被视为获得优良利润的企业。

因此，企业需要透明（参见第 1 章），也需要不断与利益相关者沟通。

企业如何充分利用利益相关者的意见

所有人都知道感官的力量，甚至那些一种或多种感官存在缺陷的人也知道。

别开生面的倾听课

在最近的一次游猎期间，我们 6 个人坐在一辆吉普车中，其中有人带着望远镜。我们当中的 2 个人拥有博士学位，1 个人拥有 MBA 学位，2 个人是著名专家，还有 1 个人没有上过学。在那个静谧的早晨，许多斑马在距离一群牛羚不远的地方吃草。风吹草低，我们都看向远处的地平线，寻找捕食者的影子。我们中没有上过学的那个人朝左边的一小群羚羊看过去，它们停止吃草，看向我们的右边。这位朋友慢慢转过头，嗅了嗅空气中的气味，感受了一下风向，然后转向右边，低声说："那边有狮子"。我们其他人什么都没有看见。过了一会儿，每个人才看到几百米外的灌木丛中有个棕色斑点。我们的马赛族[⊖]向导莱莫瑞亚（Lemeira）从未上过学，但他给我们上了一堂别开生面的倾听课。

倾听市场和利益相关者发出的微弱信号，就像通过察看羚羊群的动向和感受风向得出正确的结论一样重要。根

⊖ 马赛族（Masai），一个游牧民族，主要分布于肯尼亚和坦桑尼亚。——译者注

据经验评估事实，并得出结论：右边肯定有狮子。在现代经济体系中，倾听已成为一项必要的生存技能。

从个人倾听"捕食者"的微弱信号来看，游猎似乎更容易，只要有一名当地的好向导就可以了。为了把企业打造为倾听型组织，你该做什么呢？

古典企业管理理论提供了许多传统的倾听工具，如市场研究；现代企业管理理论也提供了许多倾听工具，如数据挖掘。此外，我认为还有一些值得信任的更优工具。

申诉专员：瑞典的做法

瑞典议会早在 1809 年就设立了申诉专员职位，以确保相关法律的执行。申诉专员的意思是代表、代理人、律师。在商界，申诉专员是监督是否公平运用规则的独立人员，向利益相关者保证，受监督的组织采取了适当的措施。

寻找一名优秀的、无可挑剔的、道德记录清白的专业人员（可能是一名法官或学者，最好是一名年高德劭的老人），让她（可能是一名女性）用客观的眼光来审视各种投诉，就企业与客户（或任何其他利益相关者）之间的分歧发表意见，让她担任规则和价值观的管理员。

此时，一切都取决于申诉专员的（沟通）品质。她是一位仅仅关注规则的字面内容并予以真正落实的官僚吗？果真如此的话，她可能会切实履行职责，但不会是一名倾听型领导者，因为她没有进行真正的沟通。

如何才能让申诉专员发挥应有的作用？她必须超越规则的条条框框进行倾听，考虑人们的投诉有合法理由吗？某些貌似公平，但会损害利益相关者，进而导致他们对企业持批评态度的，形式正确但实质有害的程序是否存在？

对相关企业而言，若申诉专员能够回顾以往的经验教训，提出问题和挑战，那将是极为宝贵的。

为此，申诉专员每年可以召开一两次会议，组织被投诉次数最多的部门前来参加，倾听部门员工的观点，获取对其领导素质的印象。部门经理是防守型的吗？申诉专员自身是否理解投诉，并提出了相关流程的替代方案？

一位优秀的申诉专员可以极大地改善企业状况，但前提是企业和申诉专员都能够做到认真倾听。

客户咨询委员会

你仅仅是一名有兴趣的读者吗？或许只是一位对企业经营没有兴趣，在经济体系中仅仅充当消费者的公务员？嗯，你可能希望成为一家上市企业某个委员会的成员，那么你没必要去读MBA或从事管理，只需要在德国商业银行[⊖]开户或者使用甲骨文公司[⊜]的软件即可。已经有数百家企业建立了客户咨询委员会，德国商业银行和甲骨文公司只是其中的两家。

客户咨询委员会基本上就是高层意见的"传声板"，犹如焦点小组[⊜]。这个委员会要想顺利运作，需要满足应用沟通型领导力的前提条件：

1. 客户咨询委员会**最多由 12 名成员构成**。许多企业设立了更大规模的委员会，但我不建议这么做，因为只有在不超过 12 个人的团队中才可能进行坦率的沟通。

2. 委员会讨论的议题必须**事关**所有客户，聚焦客户对产品或服务的体验。

3. **了解客户的问题**以及客户使用产品时的真实情况。这有助于企业更新产品或为新客户开发新产品。这就是客户的问题应该引起企业管理者高度重视的原因。

4. **企业管理者的角色是倾听者**。客户咨询委员会提供的不是销售机会，而是倾听的机会。讲话是客户的任务，而不是企业管理者的。确保至少 80% 的会议时间由客户而

⊖ 德国商业银行（Commerzbank），德国第二大银行，成立于 1870 年，总部位于法兰克福。——译者注

⊜ 甲骨文公司（Oracle），全球科技软件公司，创立于 1977 年，总部位于得克萨斯州奥斯汀。——译者注

⊜ 焦点小组（Focus Group），是指小组成员以互动式讨论围绕问题展开访谈的一种形式。——译者注

103

非企业管理者掌握。

5. 如果客户咨询委员会提出了某些意见，那么准备好**改变**企业的产品和服务，甚至调整企业的战略。

客户咨询委员会能够整合其他倾听活动，为企业提供尽可能全面的客户意见，是一种非常好的倾听方式。这也是普通客户在提供重要商品的企业中发挥积极作用的机会。与博客、推特及其他社交媒体上的帖子相比，客户咨询委员会成员能够参与真实的讨论，从而让企业更深刻地理解客户的观点，也可以讨论来自其他方面的意见，从而更完整地反映客户的观点。

环境、社会与治理（ESG）委员会：超越漂绿的机会

我知道自己有偏见，但每次读到"企业社会责任"（Corporate Social Responsibility，CSR）这个词，我还是会心生疑虑。有人试图给大猩猩涂口红[⊖]吗？一般而言，我甚至怀疑单纯的企业捐赠的真实目的。如果捐赠方是一家上市企业，我会问：谁为这笔捐款买单？谁从中受益？显然，上市企业用于捐赠的资金，并未提高员工的工资或降低产品的价格，也没有让股东受益。这笔资金会让任何利益相关者受益还是让此前同该企业没有任何关系的人受益？这

⊖ 指为了把丑陋事物变美好而下功夫。——译者注

笔资金是否仅仅满足了作为雇员的管理者在公众面前出风头的虚荣心？请记住，这不是他的资金，而是企业的资金。

我承认，有时候这种看法过于偏激，但我记得一位著名政治家、已故的意大利总理朱利奥·安德烈奥蒂说过："怀疑他人别有用心是一种罪过，但你往往是对的。"如果直觉告诉你某件事可能存在问题，我认为这应引起你的重视。当某企业安抚人心的环保责任公关信息意外地与应受谴责的污染环境行为同时出现时，担任记者的经历会让我自然而然地怀疑这是在"漂绿"[⊖]或"洗白"。

我知道认真履行企业社会责任是提高员工敬业度的重要因素，在人才招聘过程中也日益重要，有助于赢得四类利益相关者之一——员工的接受。要想维持经营许可，企业不得不回应社会需求，不得不成为被接受的、受欢迎的企业公民。

良好的企业社会责任应该：

1. 由企业来解释：企业社会责任的目的、战略和原则都是什么？

2. 涉及企业和行业面临的核心挑战。

3. 应允广泛的倾听机制的存在：倾听社会、非政府组

⊖ 漂绿（Greenwashing），是指某家企业或某个组织以某些行为宣示自己对环保的付出，实际上却反其道而行之。——译者注

织、左邻右舍、普通公众的声音。

4. 能够影响企业的战略和商业惯例。

一流企业能够阐述自己的主张，倾听利益相关者的声音，并从事对企业及利益相关者最有利的业务。换言之，企业社会责任有助于推进企业变革并改善企业现状。

这就是为什么我重视 ESG 委员会提供的机会。许多企业已经设立了 ESG 委员会，该机构具有下述特征：

1. 该机构代表的是对企业负责的高层管理者，而不（仅仅）是从事沟通的人员。

2. 该机构确立了企业将遵循的 ESG 原则，并将其公之于众。

3. 这些原则对企业的所有业务单位都有约束力。

4. 该机构与企业内外部的利益相关者群体开展长期对话，倾听他们的担忧和建议，学习其他企业的最佳实践。

5. 该机构有权推动企业决策（在合适的企业治理范围内），并把利益相关者的意见纳入企业的战略过程。

6. 该机构每年的工作都尽可能透明（有时候，为满足外部合作伙伴而非企业自身的要求，有些对话需要保密）。它们的工作对企业战略的改变必须透明，它们开展的对话对企业及利益相关者的任何其他影响也必须透明。

ESG 委员会是一种现代的、高效率的方式，可以引导源自社会的各种趋势，推进企业变革。这可能是出于多样性问题以及对管理层薪酬或企业碳排放量的担忧。以往，这些担忧的具体内容发生过变化；而在未来，这些担忧将会继续变化。只有同利益相关者展开对话，你才能倾听社会真实的声音，而不仅仅是依赖媒体或研究——当然，这些渠道对于把握可能对企业产生影响的社会潮流和根本性变化同样重要。

综合报告与言行一致的重要性

我们已经看到了若干开展利益相关者（倾听）治理的例子，这些例子基本上包含下述三种行为：

1. 倾听利益相关者的意见，开展真正的对话。

2. 做好根据这些意见调整战略和业务的准备。

3. 这种对话会让利益相关者参与进来并授权他们，因而有助于企业维持经营许可。

正如第 1 章的简要论述，提供一流信息的企业要么拟定一份综合报告（参见前文引用的哈佛大学的鲍勃·埃克尔斯和迈克·克鲁兹撰写的《一份报告》），要么至少在不同报告中发布涉及四类利益相关者的绩效信息。

真正重要的问题在于，管理层的薪酬是否与涉及四类利益相关者的关键绩效指标挂钩。利益相关者的意见可以被浓缩为一个关键绩效指标，如果企业中许多人的薪酬与该指标挂钩，那么该企业就是可信的。这不是我需要在股东大会上询问的事情。我希望在企业的网站上看到：管理层的薪酬有多少取决于客户热情、员工敬业、投资者回报与社会认可？

该把利益相关者的意见置于何处

我们该如何处理利益相关者的所有意见？是否有一个位置，可以"存放"利益相关者每天或每周提出的意见？如果你想要开始行动并推进变革，那么在企业中有三处合适的位置可以"存放"利益相关者的意见：

1. 你自己的团队。同利益相关者的对话并非发生在真空中，也没有脱离日常工作环境，更不是发生在某个辩论社团或维也纳的咖啡馆中。对话发生在我们同业务伙伴的日常互动中，发生在你的团队中，对话过程中利益相关者提出的意见会被分析并用来不断改善团队绩效。利用你与团队成员的正常互动来练习倾听。有关于新项目的介绍吗？它应从对利益相关者的 EMMA 评估开始（参见本书引言）。你正在同直接下属讨论年中总结吗？让她先介绍一下半年来利益相关者最大的收获，以及她为利益相关者做的事情。让团队成员习惯于站在"受害者"的角度考虑问题。你应定期与他们讨论战略问题，如同你应定期与你的上级讨论战略问题一样。我们在何处实现目标？环境会如何变化？我们如何改变自我或环境来激发利益相关者的热情，从而让他们向朋友或家人推荐我们的企业？永远不要忘记终极的目标、成功与认可，即通过客户的推荐来提高利润，通过让工作环境更优越来增强我们作为雇主的吸引力，通过因绩效卓越而被推荐给投资者从而增加市值，通过公民和各种机构把我们推荐为负责任的模范企业公民而获得或维持经营许可。

2. **企业中其他所有员工。**其中最重要的是最高管理层。他们具体位于何处，相信你非常清楚，但将利益相关者的意见"存放"在他们那里不一定是合适的做法。不过，人们通常知道利益相关者提出的意见被谁接收和处理。在大多数企业中，通常情况下，关于客户的数据由营销部门处理，投资者的意见由投资者关系部和首席财务官办公室处理，员工和应聘者对企业的意见由人力资源部处理，而对社会问题的处理可能属于公共事务部、政府关系部、ESG办公室、企业社会责任部、法务部的职责范围。不过，这是一种老式的条块分割的方法。越来越常见的情况是，这些意见在整个企业内部通过社交网络、团队工作室等渠道广泛共享。请注意：有时这些电子"容器"非常支离破碎，导致"只见树木不见森林"。如果出现这种情况，就在企业内部设法解决。企业应该收集上述意见，并将其传达至合适的部门（申诉专员、企业沟通部、首席执行官办公室等）做出处理，所有这类信息都可以发送到相关部门。

3. 报告。如果雇主发布一份综合报告，那么应围绕关键绩效指标，并通过与竞争对手的比较来向四类利益相关者介绍企业的绩效。该报告的编写团队应该感谢你提供的信息。它可能是一个事实、一个数字，也可能是一个关于某次失败的重要故事，你和团队从中吸取了教训，还可能是对你管理成败的抱怨。分享你的经历——传奇经历的其中一段，这应该让利益相关者产生强烈的阅读兴趣，最好能够废寝忘食地阅读下去。

第 2 章需要记住的要点

1. 当今的管理主要是沟通。

2. 沟通是一种双方都倾听和讲话的交流。

3. 如何才能更好地倾听？答案是停止讲话，保持安静或合理的沉默。

4. 不要打断他人。

5. 尽量加强"暖沟通"。

6. 考虑建立客户咨询委员会。

7. 考虑建立 ESG 委员会。

千禧世代对代际差异的看法：围绕沟通方式及其对企业文化的影响

有效的沟通向来包含倾听、同理心、建设性批评。随着时间的推移，有效沟通的模式已经发生了显著变化（见表 2-1），且现在仍在以飞快的速度变化。

反映社会变迁的一个巨大变化是非正式的流行和等级壁垒的打破。不仅德语中"您"（Sie）和意大利语中"您"（Lei）的使用次数明显减少，而且对他人可以说什么话的限制也在放宽。无论你是否喜欢，这是一种持续的发展趋势，所以我们必须得适应。虽然这可能引发尊重和等级方面的问题，但由此带来的不同等级之间的真诚沟通和开放交流可以极大地造福企业。毋庸置疑，这种交流的实现有赖于一个安全的、非正式的环境，身处其中的初级员工可以接触到高层管理者，并且双方的交流受到鼓励。许多企业采用开放式办公室和企业务虚会来营造环境，这是一个良好的开端。但如果企业文化鼓励等级制度，那么上述所有策略都无法实现目标。

对年轻人而言，这种流动的、扁平的等级环境是初创企业具有吸引力的特征之一。由于对产品的热情和对共同目标的认可，员工感到对企业的成功做出了积极的贡献。坦诚的沟通文化使他们能够表达意见并塑造企业。这难道不是所有企业在谈到员工敬业度时都想要的成果吗？

表 2-1 沟通模式的变化：从实体化到数字化

	保守成熟世代（1945 年及以前出生）	婴儿潮世代（1946～1964 年）	X 世代（1965～1980 年）	Y 世代（1981～1994 年）	Z 世代（1995～2009 年）
背景	经历过世界大战及战后食品配给 男女角色不同，分工明确 父权家庭 摇滚和流行音乐	冷战 德国经济奇迹 伍德斯托克音乐节○ 以家庭为导向 青少年的崛起 阿波罗 8 号登月	冷战结束 铁幕打开 第一台个人电脑问世 早期移动技术 离婚率上升	索尼电子游戏机诞生 谷歌地球	经济危机 全球化智能手机诞生 气候变化辩论与能源危机 阿拉伯之春 自媒体 大数据
抱负	"自己的房子"	"安全的工作"	"工作与生活的更优平衡"	"自由与弹性"	"安全与稳定"
对技术的态度	被动	早期信息技术的应用者	数字移民○	数字原住民○	依赖关联和 IT：对替代方案的掌握程度有限

○ 伍德斯托克音乐节（Woodstock），1969 年 8 月 15 日至 18 日举行的一场大型音乐节，共有 40 万人次参加，成为 20 世纪 60 年代末的文化象征。——译者注

○ 数字移民（Digital Immigrants），指因为出生较早，在面对数字科技、数字文化时，必须经历不顺畅目较为艰难的学习过程的一代人。——译者注

○ 数字原住民（Digital Natives），指在网络时代成长起来的一代人。——译者注

（续）

	保守成熟世代（1945 年及以前出生）	婴儿潮世代（1946～1964 年）	X 世代（1965～1980 年）	Y 世代（1981～1994 年）	Z 世代（1995～2009 年）
对职业的态度	终身雇用	职业生涯取决于雇主	增加自身的职业塑造，对雇主的忠诚度低于对职业的忠诚度	"与"企业开展数字工作，而非"为"企业开展数字工作	"网中的蜘蛛"：在组织与"弹出式"业务间切换
特色产品	小汽车	电视	个人电脑	平板电脑	谷歌眼镜
沟通媒介	打印的信件	电话	电子邮件和短信	短信或社交媒体	手持（或穿戴）通信设备
沟通偏好	面对面	面对面结合电话或电子邮件	发送短信或电子邮件	在线且移动的方式	移动（尤其是视觉和听觉）方式
进行财务决策时的偏好	面对面沟通	理想情况下，面对面沟通，电话会议与在线沟通相结合	在线沟通——若可能的话，更喜欢面对面沟通	面对面沟通	数字化众包①解决方案

① 众包（Crowdsourcing），是指个人或组织利用大量的网络用户来获取需要的服务和想法。——译者注

113

初创企业满足千禧世代的若干需求

你可能会想：初创企业的员工与老牌大型企业的员工截然不同。其实并不尽然。当然，初创企业的创始人必定具备更强烈的企业家精神，但加入初创企业的员工与老牌大型企业的员工差别不大。员工加入初创企业的原因包括灵活的晋升机制、快速的学习曲线、责任重大且范围广泛。然而，初创企业并未与其他企业相互隔离。初创企业的员工并不一定留在那里，他们很可能进入其他企业，因此值得我们更仔细地观察。

对于当前走上工作岗位的千禧世代，在初创企业的工作很可能是他们的第一份工作。这意味着他们的某些期望由初创企业塑造。由于他们比较适应初创企业的动态环境，所以未来往往会寻找类似的后续雇主。尽管大型企业能够提供初创企业不能提供的机会，如正式培训、更优越的薪资和福利、更高的知名度和声望，但往往缺乏千禧世代最重视的特征（尤其是千禧世代在其他地方体验过这些特征）：一种社区意识，一个跨行业、跨等级、跨部门沟通的平台。

千禧世代教练和 TED 演讲者帕特里克·博兰（Patrick Boland）给我提供了一份统计资料：到 2025 年，全世界 75% 的劳动力将由千禧世代构成。[11] 因此，如果大型企业想要保持原有的地位，或继续发展壮大，就应该适应千禧世代的需求和偏好。

数字通信日益火爆：社交媒体

现在让我们审视千禧世代的沟通方式。你可能已经厌倦了频繁听到社交媒体的消息，但它们将一直存在，这既是一种不幸，又是一种幸运。实际上，其背后的推动力也将一直存在。正如我们所知，技术的高速发展令人难以置信，社交媒体可能仅仅是这些推动力的主要表现之一，新的表现形式将不断涌现。

正如本章前文所述，使用技术性工具往往只能进行冷沟通。然而，千禧世代（后面的世代更是如此）对社交媒体的使用可能会使数字通信更接近暖沟通——人们可以使用更全面的人际沟通技巧，包括声音、表情、肢体语言、表情符号、表情包、动图、音乐、链接、分享等。尽管当信息涉及许多重要的微妙之处时，这些技巧从来都不能代替面对面沟通，但如果使用得当，它们可以使如今必要的数字通信更接近暖沟通，也更完善。

企业的社交网络

在工作场合运用社交网络会发生什么？可能为企业内部的沟通提供一个新维度。但企业的社交网络不可能独自完成该任务。无论社交网络的性能多高，若没有得到正确使用或没有秉承合适的理念，它对企业就没有价值。社交网络需要被作为加强沟通的因素，并受到鼓励互联互通的企业文化的推动。年龄大的员工不应被排除在外。千禧世代可以开风气之先，以身作则，向其他员工展示并指导社交网络的使用技巧。企业成功使用社交网络带来的一个最优成果是，整个企业更加广泛地共享某些知识。现如今，在标签和搜索功能的帮助下，我可能会发现，世界另一端的某个团队与我的团队虽然在开展完全不同的项目，但具有同样的主题。或许他们的某些经验值得借鉴，或许我们两个团队可以彼此分担某些工作任务。所以，在工作场合运用社交网络会打破原有的条条框框，这是促进企业在当前和未来取得成功的重要因素。

改善客户服务的社交媒体

社交媒体对企业的影响也体现在客户服务领域。客户想要企业倾听自己的理念、想法和意见。在某些行业和小企业中，客户的意见可能会让高层领导者听到。传统上，在社交媒体上企业比较容易做出回应并加以改变。正如你让服务员把经理叫来抱怨某件事，或者把大厨叫来夸赞某道菜，社交媒体也可以成为客户联系领导者，使客户的声音被听到的工具。最重要的是，客户服务方面的领导力现在越来越多地由企业各个层级共享。员工可以借助社交媒体成为品牌大使，也可以代表企业倾听客户的意见并做出回应。例如，2009 年荷兰皇家航空公司（以下简称荷航）对冰岛火山爆发危机的应对。在当时，社交媒体客户服务尚未成为常态，荷航几乎被滞留欧洲各地的愤怒乘客的电话和电子邮件淹没，它们为此设立了一个社交媒体办公室来回应数小时内社交媒体上的抱怨和不满。在为客户提供优质服务的共同目标的激励下，荷航员工自愿在整个危机期间不分昼夜地回复社交媒体上的评论。客户无须等待数小时，就能够迅速同航空公司对话，并以比邮件回复快得多的速度收到答复。这成功地避免了客户不满造成的灾难。现在，多数企业都已经设立了社交媒体部门，雀巢、思科、万事达等公司甚至专门设立了社交媒体倾听室。

我们应好好研究企业内部的沟通方式，采用与创新型企业文化更匹配的非正式沟通方式，并找到使之丰富的方法。进而，我们应重新评估当前的互动渠道和习惯：哪些需要保留，哪些需要适应，哪些需要抛弃。

The Listening
Leader

How to Drive Performance
by Using Communicative
Leadership

第 3 章
————————

赋能

自己学习并指导他人学习以提高绩效

- 领导者何时以及如何自我赋能？

- 为什么发挥优势比弥补劣势更好？

- 良好的学习如何提高沟通型领导力？

天才的缺陷

请设想下述情境：你正着手进行年度绩效评估，阿尔伯特（Albert）在你手下工作，他的表现不像一名普通员工，时常会讲一些政治不正确的笑话，在会议上也无所顾忌。他在企业的社交网络上发布了一张照片，照片中的他伸出舌头，几乎舔到了下巴。这些行为不符合企业的要求，而如果他想要实现目标，就应遵循企业的规范，弥补所有这些缺陷或劣势，并改变自己的形象和行为。他嘟囔着某些自己正在研究的事情，深信这些重大突破将改变世界。你打断了他，表示自己没时间跟他谈论梦想，给了他一个明确的最后期限，直到他不得不表示，自己明白了你的意思。接下来你要做的（他仍然在你的办公室中吗？）是在电脑上填写空白表格。名字：阿尔伯特；姓氏：爱因斯坦；出生日期等。然后你听到他（他竟然还坐在你的办公室中！）说："我辞职。"你的团队从此失去了一名天才，而他后来创立了相对论……

这个例子太极端了，是吗？其实，它并非你想象得那么极端。100多年来，最佳人力资源实践（基本上是管理实践）一直深受精神分析、创伤科学（Science of Trauma）和所遇问题的影响。这导致企业职能聚焦下述简单的（实际上，正确的说法是"过分简单化的"）假设：人类存在种种需要弥补的劣势。在整个组织中，知识、行为、社交技能都应该标准化，人人都必须通过弥补自己的劣势来达到标准，这被冠以"发展领域"的名号，并在人力资源术语中被视为组织的"能力"。培训以及所有其他形式的企业教育的大部分时间都用于弥补"邋遢的外表和伸出的舌头"等劣势，而不是发挥人们的优势。

在任职资格、期望的态度和行为等方面，整个组织遵循共同的标准是完全合理的，但如果止步于此而没有进一步发展，那就浪费了巨大的潜力。显然，我不赞成前文设想的例子，反对让爱因斯坦博士参加关于得体的服装、发型、社交举止的研讨会。我主张挖掘每个员工的潜力，使其掌握的技能以最有效的方式为组织的利益做出贡献。这要从倾听开始。认可员工的优势、才能、技能，这可以让我们接触到员工，了解真正激励他的因素，只有如此我们才能明白（同员工一起，且通过发挥其主动性）如何让他最好地成长，发挥其潜力，满足组织的要求。倾听型领导者的作用就是使这两条线——员工掌握的技能线与组织繁荣发展所需的技能线交汇。

如果员工理解企业的战略，那么赋能就可以把战略融入他们的日常工作。如果最高管理层在制定战略时倾听员工的意见并使其发挥影响力，那就更好了。但赋能员工的最大价值在于使他们具备下述能力：不断适应变化的工作环境，据此做出不同以往的行为并改进流程，以使企业更优秀。

赋能员工并不是给他们各类文件以便让他们在遇到特殊情况时可以查阅。这让我想起一个在非常严肃的背景下发生的可笑故事。

没有面面俱到的手册

有一天，我们汉堡分公司的负责人艾尔弗雷德（Alfred）打电话给我——安联集团全球危机管理团队负责人，他一边放声大笑，一边说他正在处理一场危机。我想，一个人在面临危机时仍能放声大笑，要么说明他受到了严重惊吓（要不然为什么他要大笑呢？），要么说明危机没那么严重。好吧，永远不能过早下判断。事实证明我的这种猜想是错误的。

发生了什么事？原来是有位保险客户患有强迫性囤积症[一]。此人的住处堆满了报纸、比萨盒、未开启的信件，

[一] 强迫性囤积症是一种精神疾病，表现为过度添置或不愿丢弃物品，因占据大量生活空间而造成严重痛苦或损伤。——译者注

另外此人的烟瘾也很大。有一天，他吸烟时没有把烟灰全部弹在烟灰缸中，结果带有火星的烟灰掉在了外边。毫不奇怪，他的住处失火了。火灾源于他的重大过失，我们（保险公司）决定不支付全部索赔金额。此事令人难过，但公司的决定无可厚非。

不同寻常的是，此人去特殊材料商店购买了工业胶水，这是一种用来固定砖头和石块的化学物质，比人们日常使用的任何胶水都要牢固。他想到了一种使用这种胶水的有趣方法，他把胶水涂抹到自己手上，然后把自己粘在分公司大楼门厅的玻璃窗上。汉堡分公司负责人给我打电话时，大楼前的街道上已经挤满了救护车、带着摄像机的媒体、数百名好奇的路人，这位客户大声喊道："把钱赔给我！"那么，为什么艾尔弗雷德放声大笑呢？因为在他给我打电话前两分钟，公司保安团队负责人冲进他的办公室，挥舞着危机处理手册咒骂"该死的、没用的意大利人！"。保安团队负责人指的是我，危机处理手册的出版和内容由我负责。他向艾尔弗雷德解释道："你瞧瞧这份没用的手册！我该怎么处理这种情况？你翻一下，告诉我能不能在'G'类事务下找到'Glue'（胶水）！"

在当今迅速变革的世界中，我们不可能预见每场危机，不可能预备好针对所有情况的危机处理手册。在多数情况下，身处危机中的人甚至不知道去哪里寻找手册。能力突出的人清楚处理危机的一般原则，原则之一就是遵循常识。常识告诉我们，在上述例子中，首先要做的是咨询现场的优秀医生，确保在不会进一步损害其健康的情况下把这位客户与公司大楼的玻璃窗分开，可能的具体做法包括把粘手位置的玻璃切割下来，带着手上粘有两块玻璃的他去医院，交给外科医生处理。

这给我上了重要的一课。在进行危机处理培训时，我再也不会忽视常识的重要性了。更好的做法是教导并培训相关原则，而不是用一本根本不能回答所有问题的手册哄骗受训者，让他们误以为手册已经涵盖了所有情况。因此，我们把危机处理培训从单一场景转变为更广泛的原则介绍，以便受训者能够应对意外情况。艾尔弗雷德和这位患有强迫性囤积症的客户的经历为我们提供了一个完美的故事来说明这一点。

倾听型领导者明白，赋能员工是他自己获得自由的一大步，再也不用时不时被请求解决工作手册中没有涉及的问题了。

我们对人类潜能的理解要归功于过去 20 年心理学的巨大发展。新兴的积极心理学（由马丁·塞利格曼[⊖]和米哈

㊀ 马丁·塞利格曼（Martin Seligman，1942— ），美国心理学家，被誉为"积极心理学之父"。——译者注

里·契克森米哈赖[⊖]开创）可以帮助我们达到最佳状态，发挥最大潜力。

赋能始于自己

认清自己的优势并通过适当的培训、教练辅导、导师指导与学习强化优势，需要从你自己开始。本章和下一章介绍的内容既适用于你个人，又适用于你的团队。你必须言行一致。这符合你自身的利益：对团队成员来说，若他们看到你以身作则，就会更愿意追随你；而对于你自己，通过应用掌握的知识，你可以实现更卓越的绩效。

我为什么要费心呢

天哪，又是培训……我知道，许多首席执行官一看到"培训"这个词，就会跳过这一章。"大量资金花在了培训上，但是员工仍不能满足要求……"可能你是正确的，确实有大量资金花在了培训上。但请你首先检查一下，有多少资金花在了培训爱因斯坦注重外表、弥补自身的"劣势"等事情上。这是一个你可以节省大笔资金的项目，并非所有这

⊖ 米哈里·契克森米哈赖（Mihaly Csikszentmihalyi，1934—2021），匈牙利裔美国心理学家。——译者注

类培训都有必要。

接下来你需要自问，你想要吸引劳动力市场上的人才吗？你想留下庸才吗？如果你想得过且过，那么后者是明智的选择；如果你想让合法的事业取得巨大成功，那么前者是明智的选择。

对 Y 世代的人才而言，能否提供不断学习与培训的机会是一个决定你的成败的问题：如果你提供了，他们可能会加入；但是如果你不提供，他们一定拒绝加入。如果你忽视了这一点，或者赋能不符合你的理念或不是你的实用工具箱中的一部分，那么你就难以吸引年轻人才。因此，对员工合理赋能已成为你必须做的事。既然你手中捧着这本书，那么你可以考虑继续读下去。如果你只想雇用那些像柠檬一样被压榨、没日没夜工作、没有私生活、身体像一头年轻雄狮般健壮，且喜欢靠多年前在商学院学到的知识谋生的人，那么你就没必要继续读了。只有受虐狂才会到你的企业工作，但他们往往会使你付出非常沉重的代价。如果他们绩效突出，你将不得不与投行和律所展开竞争，这些都是非常有吸引力的工作场所，并且给出的薪酬相当高。

如何识别并强化优势

近年来，积极心理学和大量学术研究为我们提供了评估个人优势的完善工具。在赋能之旅的开端，我们需要对自身的优势有所认识。若某人对自身的工作非常满意，那么他可能想知道能否通过自身的优势来进一步提高工作绩效。若某人正考虑跳槽，那么与其思考自身的优势是否与当前的工作匹配，不如考虑何种工作能发挥自身的优势。无论属于哪种情况，对于专业人员，更清楚地认识自我都非常重要。积极心理学理论指出，发挥自身优势能够影响人们的幸福感和满足感。倾听型领导者的作用就是让这种积极的影响成为现实。为此，了解员工的优势与了解自身的优势同等重要。

如果你认为这是好事，那么请认真阅读下文（除非你对提高自身和团队的绩效漠不关心）。本书旨在教导你运用常识，以自然而然的方式提高绩效。常识告诉我们，应该留意确凿的证据——如果员工绩效评估的重点聚焦于他们的优势，将使员工的绩效提高 36%；而聚焦于劣势，则可能使员工的绩效下降约 27%。相比于没有这么做的同事，绩效高出 50% 意味着什么？或许这种竞争角度能把你引到正确的聚焦点上。

你可以在本章后文"识别偏好与优势的工具"中找到最常见、最有用的工具。

在此之前，我将解释赋能为什么始于识别个人的优势和动机，挖掘团队的潜力，自己学习并指导他人学习，增强同理心并利用学术研究成果。

动机

为什么动机如此重要？我的内心告诉我：满足动机能够让我运用自身不具备的力量，帮助我成为一名更优秀的领导者，因为相比于没有满足动机的情况，前者包含让团队成员更自主、更自治、更敬业的所有要素。在你的职业生涯中，猴子的数量将大大减少（请阅读第 4 章"授权"的"避开猴子"部分）。满足动机不仅会减轻你的负担，而且会提高绩效、减少人员流失，从而节省招聘、入职及培训那些用来取代由于动机未得到满足而离开团队的最优秀成员的新员工的成本。

动机是实现卓越绩效的强大驱动力，也是在艰难时期把团队成员团结在一起的黏合剂，它可以创造一个充满创造力和活力的环境。另外，同积极主动的人一起工作更有趣。

各种理论和相关研究都试图找到人们产生动机的根源。正如丹尼尔·平克在著作《驱动力》[1] 中的精彩概括，除用来谋生的金钱因素外，动机还取决于三个因素：自主、掌握知识、工作目的。

首先，自主是指对自身行为的支配，这是促使员工敬业的关键要素。在基本层面上，自主往往伴有一种独特的、更内化的责任感，这种责任感比任何外部控制举措都更能激励人们努力取得成就。在最高层面上，自主可以释放创造力、促进创新，而以往创造力和创新都被重重束缚的、强制性的工作环境扼杀。

其次，学习并最终掌握某些知识（如演奏乐器、编程等）的目标是促使人们努力完成任务的强大动力。在克莱门蒂娜学习组织心理学期间，一位教授向她介绍了下述发现：旨在掌握知识的学生总比那些只看重成就的学生的成绩更好，从而产生了一种有趣又有点奇特的"盗梦空间"般的感觉。在工作中，相比于以顺利完成项目为目标开展工作，持有想要学习所有相关知识并成为特定领域的专家的态度，反而更能实现前者的目标。

最后，工作目的概括了构成内在动机的各种要素。任何工作都需要有一个目的，这似乎不言而喻，否则为什么要开展这项工作呢？然而在现实生活中，目的往往与我们从事的工作无关，我们在执行任务时不会考虑目的是什么。但是，相比于我们清楚地理解并支持其目的的任务，我们在没有考虑其目的的任务上投入了多少精力？答案非常明显。

基本上，动机源自实现期望、赋予工作意义、技能得到认可，以及掌握知识、在工作中可以自由选择。

你不会在人们的简历中找到这些信息。迄今为止，撰写简历的标准模板仍然聚焦于教育程度和工作经验，不仅如此，除非人们专门思考过这个问题，否则实际上并不一定能认识到动机源自何处。在人的一生中，动机的根源也会发生变化。

为什么领导者应该认真倾听，上面所说的就是另一个充分理由。

当你招聘时，可以询问应聘者的动机源自何处。当你应聘并与未来的雇主面谈时，可以询问他们同样的问题。一般而言，如果你能够意识到周围人的动机具有不同的根源，那么就有了一个好的开端。每次绩效评估都是讨论该问题的绝佳机会。

认可与欣赏是满足动机的强大驱动力。因此，当你与他人进行讨论时，一定要给予对方相应的认可。当然，并非人人都喜欢当着他人的面接受表扬。多数人讨厌大而化之的感激之词，他们想要的是具体的认可。盖瑞·查普曼（Gary Chapman）和保罗·怀特（Paul White）已经指出了五种表达欣赏的语言：肯定的言辞、精心的时刻、有效的帮助、称心的礼物、身体的接触。他们还开发了一套测试方法，可以帮助你理解自己和他人表达欣赏的语言及其特征。这五种语言可以使人们欢欣鼓舞。充分利用它们，不需要花费什么，却有助于留住最优秀的人才。[2]

但是，你为什么要如此重视满足员工动机的因素呢？他们工作可以获得工资，通常有绩效指标来衡量他们对企业及团队的影响……贝弗利·凯和沙伦·乔丹－埃文斯在指导领导者如何留住优秀人才的畅销书《留住好员工：爱他们，还是失去他们》中指出："关于提高员工敬业度与留住优秀人才，作为管理者的你比任何其他人都更有影响力。"[3]

为什么你应该重视该问题？更简单的理由是，如果你是一名糟糕的老板，那么将流失一半员工。猜猜谁会流失呢？当然是那些资质较高、足够优秀，能够在其他地方找到工作的人。"盖洛普针对美国 7272 名成年人的一项研究表明，在职业生涯某个时刻跳槽的人中，一半是为了摆脱原先的管理者，改善自己的整体生活质量。"[4]

在本节的最后，我提一个可能打开通往卓越绩效的大门的小小建议：你为什么不询问团队成员，他们如何才能实现最优绩效？如何才能提高你的绩效？倾听他们给出的回答——你可能会得知挖掘此人绩效潜力的关键所在。

通过倾听满足动机

弗兰克（Frank）的工作绩效非常突出，长期以来他的出色绩效是我的团队中为数不多的可预测变量之一。在一次随意的谈话中，我问他近况如何，然后停顿了一下，我又问了两次，以便让他明白我是真的关心他。结果他说自己的伴侣斯文（Sven）被诊断出患了癌症，因此内心非常担忧。除弗兰克外，斯文已经没有其他家人了。弗兰克一直在竭尽所能照顾斯文，同时努力工作。于是，我给弗兰克提供了一次休假机会，以便在斯文化疗期间照顾他。我们的人力资源部门也乐于合作，拟订了一套解决方案，除了不能获得 6 个月休假期间的绩效工资，弗兰克不仅可以定期缴纳养老保险、医疗保险、失业保险等费用，而且可以拿到基本工资。这让他即使休假也能够获得收入。我决定安排一位聪明的年轻人莎拉（Sarah）暂时接手弗兰克的工作。莎拉很清楚，这是一个难得的机会，因为她资历尚浅，原本在未来两三年内都不可能被提拔到这个职位。但如今她得以实际从事这份工作，并且团队中资历最深的一位人士自愿指导她。实际上弗兰克主动提出，只要莎拉有需要，他可以定期与她讨论工作事宜。莎拉起初有点犹豫，但当她意识到弗兰克毫不介意时，她果断决定抓住这个机会。弗兰克感到自己仍然能够参与工作事务，因此很高兴与莎拉分享自己的经验。弗兰克休假结束后重新接手了先前的工作，莎拉则返回了原先的岗位。由于莎拉在临时受命期间表现出非常强的工作能力，仅仅 1 年后我们决定优先提拔她。不幸的情况孕育了机会，弗兰克和莎拉都得以从中受益。如果考虑 6 个月休假期间弗兰克和莎拉的薪资，那么两人的相对薪资都下降了：弗兰克由于没能获得绩效工资，所以薪资下降了；而莎拉虽然在更高级的职位上工作了 6 个月，但并未获得涨薪。她这么做的目的是积累更多工作经验。这段时间过后，两人都变得积极性更高，也更坚强。斯文的病情好转以后，弗兰克更加积极主动地投入工作，莎拉的职业发展也得以加速。对于癌症，谁都说不准未来会如何。但迄今为止，斯文的病况有所好转，从而为这个"小妥协、大收获"的故事增添了温馨色彩。幸运数字运算者会说：花更少的钱，总体上获得了更卓越的绩效。如果没有这个机会，我们可能会失去莎拉。给她一个接受挑战的机会，可以满足她的动机，从而留住她。我们节省了从招聘、入职到为莎拉培养一位继任者这一过程的全部费用。单单这一项就相当于轻松节省了 1 年的薪酬。这话具有讽刺意味，但非常正确，表明动机并非源自金钱，而是源自得到他人认真的倾听，这会给企业带来财务收益。

创建团队，打造高绩效组织

到目前为止，你读到的大部分内容都在论述组织中的个人，即个别领导者和员工。然而我们都知道，如果员工组成一个团队开展工作的话，大部分绩效来自由个人构成的集体。直觉上我们认为，尽管单个人可能具有丰富的经验，但多个人在一起会创造更多成果。但情况并非总是如此。为挖掘这种潜力，个人之间的互动必须卓有成效。在团队中，仅仅这个"我们是一个整体"的事实就可能让人们做出错误决策，也可能在缺乏能力、意愿或不被允许及时表达异议的情况下，跟随领导者误入歧途。管理一个团队绝非像把许多聪明人置于一个房间中，然后下命令："现在，执行！"那么简单。

关于如何创建高绩效团队的优秀文献并不多。但有时你不需要太多文献，只需要合适的文献即可——麦肯锡公司的董事乔恩·卡岑巴赫（Jon Katzenbach）和管理顾问道格拉斯·史密斯（Douglas Smith）的著作《高效能团队：打造卓越组织的方法与智慧》[5]（*Wisdom of Teams: Creating the High-Performance Organization*）就很合适。两位作者建议通过解决 6 个基本问题来提高团队绩效：

1. **不要创建大规模的团队，人员要精简。** 根据"拇指规则"[⊖]，团队成员的数量应该少于 20 人。我自己的经验是：团队要建立信任关系并实现卓越绩效，成员的数量不应超过 12 人（参见第 2 章）。

2. **汇集互补的技能。** 在团队合作中，优秀团队的不同成员应该各自掌握不同的技术，发挥独特的作用。换言之，他们应该能够胜任各自的工作。进而，他们应该擅长分析

⊖ 拇指规则（Rule of Thumb），又称经验法则，是一种可用于许多情况的、简单的、不是很准确的规则。——译者注

问题、解决难题并做出决策。最后，团队成员应该掌握人际交往技能，包括倾听、承担风险以及提出建设性的、客观的批评意见等。

3. 必须具备一个明确的、有意义的目的。团队的目的应该得到所有成员的讨论、改进和共享。除此之外，目的应该对整个组织都非常重要，而不仅仅是对团队本身。

4. 设定明确的绩效目标。团队的目标应该可衡量，团队的产出应该可明确界定，并且团队应该为组织做出成员个人不能做出的贡献。

5. 采取一项共同的方针。卡岑巴赫和史密斯发现，团队"如何"合作对绩效的影响要比通常认为得更大。在执行共同任务之前，团队应该花时间制定一项共同的工作方针，以应对经济挑战、管理挑战以及社交挑战。

6. 必须有一种相互责任感。相互责任感是指在团队中开展工作的成员个人拥有的责任感。如果团队成功地在成员之间建立了信任关系以及对共同目标的坚定承诺，那么就会顺利形成对团队产品的相互责任感。[6]

团队合作越来越重要。挖掘人们各种技能和想法的潜力，使其为组织战略服务，这要求越来越多的任务通过团队合作（跨越组织的条条框框）来完成，而且这些任务要涵盖多样化的技能和个性。

最高管理层也不例外，实际上，最高管理层正是团队成员融洽合作的开端。

没错，团队合作应该始于最高管理层。因为现实是：尽管存在种种"终身学习""变革以及适应变革"的大话以及所有你可能会从一边鼓吹布道一边酗酒的人那里听到的美好事物，最高管理层的学习通常落后于普通员工。确实，高层管理者接受终身培训的绩效记录并不突出。只需要问问世界上最好的商学院，它们为首席执行官或其他高管开设的高管课程，能招来多少学生就知道了。

假如你申请了一份工作，那么在接受该企业高管面试时你可以直接询问他们最近一次学习、培训、接受辅导是在什么时候，并仔细倾听。在他们没有提供满意的答案的情况下你仍然可以申请这份工作，但当你的发展需求得不到满足时，请不要抱怨——当初在面试中得到模棱两可的答案时，你就应该预料到。很明显，这家企业的最高管理层不能以身作则。

如何通过妥善的倾听和其他方式避免团队的糟糕决策

最高管理层怎么会那么幼稚地执行特定程序，怎么会做出那么糟糕的决策呢？有时人们对此困惑不解。请询问企业的董事们，董事会是根据哪些正式规则和非正式规则组织的。当所有其他董事们都支持某项你认为明显错误的决策时，你是否应该表达自己的担忧——在几分钟内就某个问题达成一致是好事吗？

我为什么要费心问这些问题呢？

原因在于：不这么问的话，你可能会做出错误决策；或者你可能会错过一个重要细节，而这个细节会影响一项企业计划产生的结果；再或者，你的天真或疏忽大意（这比天真更糟糕）可能导致企业绩效低下。

关于如何避免"群体思维"[7]，从而改善并优化团队（尤其是高管团队）的决策过程，已经有了非常优秀的研究成果。下面是迈勒－坎贝尔公司教程资源部门提供的商业教练项目要点：

1. 明确说明问题，并指出其重要性。

2. 把复杂问题分解为多个部分，针对每个部分制定决策。

3. 鼓励团队中每位成员公开地、批判性地评论自己和他人的观点。

4. 警惕全体针对某一问题达成一致的情况，尤其是在迅速达成一致时。

5. 要求重要成员站在外部的或批判性的"魔鬼代言人" ⊖

⊖ 魔鬼代言人（Devil's Advocate），指提出非主流看法的人。——译者注

立场发表意见，或者脱离团队一段时间。

6. 同站在客观立场上的人士讨论计划并征求他们的意见。

7. 请专业顾问来设计决策过程。

8. 避免不同成员的地位差距过大，如果确实如此，应采取措施尽量弥补。

9. 预先制定处理危机或突发情况的商定程序。

10. 预估外界对决策的反应，并准备几种可能的替代方案。

11. 利用子团队（委员会）制订替代方案。

12. 承认缺点（当"群体思维"[⊖]出现时，团队成员会自信满满；此时承认方案存在某些缺点可能有助于采纳新看法）。

13. 确保执行者真正理解他们从事的事务。

14. 鼓励团队评估不同成员掌握的技能，并找到提高技能的方法。

15. 最后召开一次会议，鼓励人们在执行前表达任何担忧。

设想一下，若大众汽车公司遵循了这些要点会产生什

⊖ 群体思维（Groupthink），又称团体迷思，是指团队成员在决策过程中往往让自己的观点与团队保持一致，导致整个团队缺乏不同的思考角度，难以进行客观分析。——译者注

么结果。[一]若问题（美国关于汽车尾气排放的标准非常严格）的重要性得到明确说明，若该公司鼓励每位团队成员表达担忧，若接受专业顾问的建议，若向站在客观立场上的外部人士征求意见……可惜大众汽车公司的管理层没有这么做。请注意第3、6、7、10点，这几点都涉及良好的倾听，理解利益相关者所作所为的理由，并据此调整企业的战略。倾听型领导者知道障碍位于何处，如果他不知道，他会不耻下问，并且团队成员也会受到鼓励，从而敢于表达自己的担忧，并提出消除担忧的方法。

自己学习并指导他人学习

70/20/10 法则

根据实务者提供的证据，存在一个较理想的学习比例。该比例基于三种经历：完成具有挑战性的任务占70%，发展人际关系占20%，参加课程和培训占10%。下面的重要发现引自创新领导力中心[二]提供的材料：

[一] 此处是指大众汽车公司2015年被曝光的废气排放丑闻。——译者注
[二] 创新领导力中心（Center for Creative Leadership），是一家非营利教育机构，帮助全球客户培养创新领导力。——译者注

> 70/20/10 法则来自创新领导力中心 30 年的经历研究课程，探索了高管在职业生涯中如何学习、成长与改变。
>
> 创新领导力中心的米娜·苏里·威尔逊（Meena Surie Wilson）说：“基本假设是，领导力是可以学会的，我们相信，当下，管理者从经历中学习的能力和意愿比以往任何时候都更能奠定卓越领导力的基础。”

70/20/10 法则貌似简单，但你需要更进一步去理解它。

并非所有经历都具有同等重要性。哪些经历最有助于学习和成长？从每次经历中，我们能够学到哪些领导力方面的经验教训？

为帮助你（以及你的老板或直接下属）把学习需求与最可能提供那种学习的经历加以匹配，创新领导力中心研究并确定了经历与学到的经验教训之间的联系。

它们得出结论，领导力学习具有五个普遍的重要来源：

1. 老板和上级。

2. 彻底变革。

3. 扩大工作范围。

4. 平级调动。

5. 新举措。[8]

给学习一个机会

大脑是一个功能强大的器官。人们已经研究了几个世纪，但直到现在才开始了解大脑的能力有多强大。一旦你开始阅读有关神经学和神经可塑性的图书，就会明白其中某些内容是任何惊悚片都想象不到的：这些图书的主题是如何通过理解思维的运作来改变生活状态，它们最大的优点在于，其内容不是虚构的，而是事实。幸福的关键就蕴藏在每个人的大脑中。

这有点深奥。这些话与一名希望成长为领导者的管理者有什么关系呢？简言之，学习可以赋能自身和员工，提高绩效。这听起来是不是更好理解了？

如果"培训"这个词过于学究气，那么我们可以称之为学习或"工作丰富化"，这正是培训产生的结果。"工作丰富化意味着改变员工的工作内容和过程。"[9]

最佳的培训往往能够吸引员工积极参与。培训不仅必须赋能员工，而且必须处理与赋能技术本身有关的问题，最重要的是参与。我的一位同事总是强调，他想要避免"布因峰培训"。布因峰是阿尔卑斯山的一座美丽山峰，人们可以躺在山脚的折叠椅上一边享受日光浴一边欣赏美景。因此，优质培训不是坐在某处听讲，而是通过倾听并做出回应来吸收知识。

根据管理顾问安德鲁·索贝尔（Andrew Sobel）的经验 [10]，我概括出优质培训需要涵盖下述三个方面：

- **原则。** 这一方面具体包括三点：组织的原则、理念，以及说明这些原则如何形成的故事。

- **技能和行为。** 你最好通过角色扮演、个人练习、案例研究、视频和小组讨论来培训重要的技能和行为。与绩效最突出的人交流，观察他们，并向其学习。

- **最佳实践。** 在一个组织中，最擅长做某事的是谁？学习受益于观察、模仿以及相关的讨论，深入理解典型例子。

好吧，如果你认为这些听起来太空洞，那么你可能是对的。下面我将更具体地论述。根据 70/20/10 法则，任务与培训的比例是 7∶1。如果我必须选择将哪些内容放进 10% 的部分，那么具体如下。

以下是我认为一位倾听型领导者在整个职业生涯中必须学习并不断练习的"最低要求"。你也可以说，接下来的内容是企业大学的年度课程。这是实践或想要实践沟通型领导力的企业为员工提供的培训内容。想要获得长期成功的企业需要对所有员工培训表 3-1 中列示的七个要点。

表 3-1 培训的七个要点

1. 战略	每位员工都应该清楚企业的战略以及如何为整体的成功做出贡献
2. 客户	客户热衷于企业的产品或服务的驱动因素是什么 我们如何激发客户的热情
3. 倾听	我怎样才能更好地倾听 我应该与谁分享利益相关者提出的意见
4. 危机管理	我该怎么做才能避免危机 一旦发生危机，我的角色是什么，我该做什么、不该做什么
5. 有效沟通	如何建立对话 如何培养同理心、自我意识，形成合适的语言风格 如何面对受众 EMMA（同理心、动机、心态、分析）的重要性
6. 有效展示	学会表达自己的观点，吸引受众的注意力，让你的展示真正打动他们 如何利用展示来收集反馈
7. 综合报告	了解企业涉及每一类利益相关者的整体绩效 企业在作为雇主、提供产品或服务、增加市值、作为企业公民等方面的绩效如何。

培训的七个要点

1. 战略。组织的每位管理者每年都必须更新对企业战略的认识。企业需要根据利益相关者的意见和市场形势不断调整战略。管理者不仅需要亲自把利益相关者的意见传达给企业的相关部门（尤其是最高管理层），还必须认识到战略的全貌，对战略提出质疑、加以理解，并向员工解释，进而转变为他们执行的任务，纳入其职责范围。这些行动对组织绩效的改善必须可衡量。换句话说，每位管理者都应该清楚关键绩效指标并每年更新一次。

2. **客户**。每位员工都必须大致了解企业的客户：客户的满意度如何，他们在哪些方面存在抱怨，是否热衷于企业的产品或服务。员工必须知道企业哪个部门在客户服务方面做得最好，自己可以向谁学习。

3. **倾听**。满足利益相关者动机的因素是什么？利益相关者可能是与我们部门有业务往来的人员或企业，可能是我们的同事、客户、投资者、竞争者甚至整个社会。我们只能通过倾听来学习。倾听是可以学会的，也是可以培训的。如何捕捉微弱的信号？如何监测利益相关者的行为并了解其愿望？如何在企业内部运用大数据？在组织的哪个部门可以找到数据？如何才能最有效地向组织传达投诉、举报和建议呢？关于这些问题，所有管理者都应该在组织的某个部门免费获得答案。

4. **危机管理**。学习如何最妥当地处理危机，意味着学习如何避免危机。这就是倾听（第 3 点）所能达到的效果。然而，企业迟早会遭遇危机，所以绝对有必要设立一个危机管理机构，负责定期培训相关技能。每次培训都能让人们更熟练地掌握这些技能，设想不断变化的危机情境，以便在真正发生危机时做好应对的准备。但必须告知所有管理者和员工的，不是危机管理机构如何运作，而是危机管理机构切实存在，以及在认定危机即将发生时每位员工应该如何行动，如给谁打电话，如何处理等。

5. 有效沟通。个人如何传达信息？如何倾听和回应？如何与他人互动？有效沟通由同理心、自我意识、语言与常识构成。每位倾听型领导者都是一位优秀的沟通者，并且这是可以学会的。每位领导者都必须成为一名沟通者，并且最终每位员工也必须成为一名沟通者。给出和接受反馈对于任何学习型组织和领导情境都非常重要。如果你想要知道反馈的作用，那么请与你的团队成员玩一轮"传话游戏"。

6. 有效展示。一项好事业有多少次被糟糕的展示破坏？多数 PPT 展示都没什么效用，甚至毫无用处。我们需要学会使用一种有感染力、能满足动机、鼓励授权、促进执行的方式来表达自己的观点。别忘了，多数罗马皇帝在年轻时都会接受全面的修辞学（哲学的一个重要分支）教育。

7. 综合报告。根据主要指标衡量，企业的绩效如何？客户、投资者、员工、政府、监管者、媒体、相关的非政府组织如何评价企业的绩效？他们的态度是热情还是愤怒？处于这两个极端态度之间的利益相关者又如何评价企业的绩效？在工作中，我遇到过许多管理者，他们由于不了解企业的基本财务状况而毁了自己的职业生涯。但倾听型领导者需要充分了解的不仅是财务性的关键绩效指标，还包括所有其他指标。这也是为什么我倡导构建一个非常简单的关键绩效指标框架，限定 4 个指标，每类主要利益相关者对应 1 个指标。

哦，这种年度培训是不是太多了？人人都有自己的工作要做！不多，仅仅七点而已。掌握一个要点可能仅需要半个工作日；若在已有的框架基础上更新相关信息，那么时间可以进一步缩短。1 年只进行 3.5 天的培训，太多吗？嗯，如果你给出肯定的答复，那么或许你没有领会整本书的主旨！

真正的挑战是，领导者不应仅自己学习这些原则、技能、行为、最佳实践，还应该与员工分享自己的所学，使他们从中受益。可以采取下述方式：召开小型员工会议，发送电子邮件介绍人人都需要了解的主要项目，鼓励员工与那些可以提供更多信息的部门和数据库互动，与企业内其他部门分享本部门的知识等。

有些企业已经尝试把上述培训扩展至每位员工。德国的宝马汽车公司已经培训了 70 000 多名员工（其中许多是蓝领），旨在让他们了解宝马的品牌、战略、价值的主要特点，从而变身为品牌大使。

在新员工开始工作前，德国零售连锁企业迪姆药妆[⊖]会围绕上述七个要点进行培训，实习生和学徒也不例外。通过一个"对话领导"[11]过程，整个组织反复进行沟通，从而

　⊖　迪姆药妆（Drogerie Markt），德国营业额最高的药妆零售商，于 1973 年创立，总部位于卡尔斯鲁厄。——译者注

赋能所有员工，最终实现授权。该公司实现了下述最佳实践：只要走进一家迪姆药妆店（无论它位于何处），即使它位于偏远的乡村，你都会发现员工们非常真诚且乐于助人，完全不可能只顾推销商品。迪姆药妆实践的对话领导原则基于个人的性格、技能与背景，而非基于标准模式的客户相关行为。

综上，重申一遍领导者应自己学习并指导他人学习。

人们能培养同理心吗

戈尔曼⊖和博亚特兹⊜对领导者的研究表明，普通领导者的持续成功有 1/3 归功于技能和认知能力，有 2/3 归功于情商。是的，你没有看错。而对于高层领导者，他们的持续成功有 1/10 归功于技能和认知能力，有 9/10 归功于情商。

因此，不要为缺乏同理心找借口，如"我没有这个天赋"。98% 的人都能产生同理心，大脑允许我们换位思考，但不是所有人都能充分挖掘这种潜力。

换言之，同理心和情商是帮助倾听型领导者取得成功的要素，我们可以培养，也应该培养。

⊖ 丹尼尔·戈尔曼（Daniel Goleman，1946—），美国心理学家、作家，代表作《情商》（*Emotional Intelligence*）。——译者注

⊜ 理查德·博亚特兹（Richard Boyatzis，1946—），美国组织理论家、凯斯西储大学教授。——译者注

到底什么是同理心？"个人尽力……设想处于他人面临的情境下，并且想他人之所想，急他人之所急……在最琐碎的事件中。"[12]

没错，我们可以培养同理心。根据罗曼·柯兹纳里奇（Roman Krznaric）的论述[13]，同理心强的人有下述 6 个习惯。如果你想要自己和团队成员更有同理心，可以照做。

习惯 1：开启你的同理脑。

改变思维框架，认识到同理心是人性的核心，它可以在人的一生中不断扩展。

习惯 2：想象力的飞跃。

有意识地站在他人（包括我们的"敌人"）的立场上，承认他们的人性、个性与观点。

习惯 3：寻求体验式冒险。

通过直接式沉浸、移情于景以及社交合作来探索不同的生活与文化。

习惯 4：练习对话技巧。

培养对陌生人的好奇心，真正地倾听，丢掉情感伪装。

习惯 5：乘坐扶手椅旅行。

坐在家里的扶手椅上，借助艺术、文学、电影以及在线社交网络来了解不同人的思想。

习惯 6：创造变化。

培养广泛的同理心来创造变化，扩展同理心以拥抱自然界。

如果你形成了这6个习惯，下面就可以开始一段更具同理心（倾听型领导者的一项关键能力）的旅程了。

"受害者"站在"行凶者"的立场上

我使用"员工交流"来培养同理心，这是一种非常简单的工具。用创新领导力中心的术语来讲，这属于"具有挑战性的任务"，我们70%的学习有赖于此。

我把这条原则描述为"'受害者'站在'行凶者'的立场上，反之亦然"，从而以轻松幽默的方式开展交流。实际上，我们当中既没有真正的行凶者，也没有真正的受害者。柯兹纳里奇称之为习惯2。具体做法是时不时把我们部门的员工派到经常接触的其他部门、分公司或总部相关部门。起初，我在人力资源部门的同事并不理解。他们以为我指的是常见的外派项目，即付出巨大代价把人们送到国外待上两三年。所以，我的话还没说完，他们嘴中就说出了"但是……"。当人力资源部门的同事说完了这种做法的高昂成本和预算限制后，我深吸一口气解释道，我们考虑的仅仅是一次假期替换。人们离开工作岗位较长的一段时间（例如三四周），他们的工作会由其他人接手。做假期替换的员工的薪酬和旅行费用仍由其原部门承担，但其住宿费用由接收部门负责。第一个接收单位的人力资源部门反应很慢，实际上我们像原先的团队一样做任何事。当我们美国的沟通人员不在位于华盛顿的工作地点时，接手人员甚至为其花园浇水。我想要指出的是，短期（相比于外派的两三年）员工交流只需要很低的额外预算，甚至完全不需要。真正重要的是亲身体验他人的工作。总部法律部门的律师去子公司工作一段时间可能会认识到，他定期从总部发出的文件被视为严格而可恶的命令。相信我，他以后说话方式会变得更温和。而子公司的员工只要在总部待上几周，就会了解到监管者、董事会、公众给首席法律顾问施加了巨大的压力，以及为什么总部法律部门要求子公司务必严格遵守程序。有了这段经历，总部员工会更充分地解释为什么要求子公司必须遵守某些程序，并确保下发给各运营部门的文件以透明的、令人愉快的、协商的口吻撰写。

乘坐扶手椅旅行

　　萨尔加里[⊖]撰写了许多关于加里曼丹岛（旧称婆罗洲）[⊜]

　　⊖ 埃米利奥·萨尔加里（Emilio Salgari，1862—1911），意大利作家，科幻小说的先驱。——译者注
　　⊜ 加里曼丹岛，是世界第三大岛、亚洲第一大岛，属于印度尼西亚、马来西亚和文莱。——译者注

海盗的作品，我用了很长时间阅读。布莱顿[○]的书同样如此。当时我大概 12 岁，喜欢在被窝里放一盏小台灯看书。在一家充满活力的企业工作多年后，2011 年我开始重新规划人生，并在 2015 年从这家企业辞职。从一开始我就非常清楚，新生活必须能够让我重新体验阅读海盗图书时的纯粹快乐，或再次感到布莱顿书中探秘的小男孩所体验到的新鲜刺激感。因此，我把一周的时间安排如下：周一和周五杜绝商务会议、指导、咨询与辅导，专心阅读、阅读、阅读，当然，我也写作。我很感激柯兹纳里奇提供了一个增强同理心的有力论据，对我而言这纯粹是一种快乐。

如同我喜欢文学作品，如果你喜欢文学、艺术、电影、在线社交网络，那就遵从自己的爱好吧，这可以提高你的领导力。

视觉刺激：兼顾整体和重点

正如神经语言程序学教我们的，有人喜欢用情感语言，有人喜欢用视觉语言，还有人喜欢用听觉语言。当你着手赋能自己和团队时，请记住这一点，这样你就会惊讶地发现自己能接触更多的人。在过去十年中，人们开发了一种新的商

○ 伊妮德·布莱顿（Enid Blyton，1897—1968），英国儿童文学作家，她的作品从 20 世纪 30 年代以来一直都很畅销。——译者注

业和政治决策技术——视觉引导[⊖]，利用图像来表达复杂的
主题。战略研讨会根据 DesignShop 模式运作，这是美国的
马特和盖尔·泰勒（Matt and Gail Taylor）开发的一种模式，
已经用于越来越多的组织，包括凯捷（Capgemini）、安永
（Ernst & Young）、达沃斯世界经济论坛等。

支持多样性的另一个充分理由

"多样性，多样性，又是多样性，这个词已经让我的耳
朵起老茧了！"这是我的一位前同事在绝望中的喊叫，他把
多样性问题放在了不当的位置上——认为多样性属于软技能
且只是一种符合政治趋势的说辞，实际上，多样性是看得
见的技能，且有更深层的意义。他还是一位"迷之自信"的
大男子主义者，换句话说，他经常打断女性说话，以居高
临下的态度教育营销部门那位可爱的小甜心什么才是真正
重要的事。

那么，我为什么在"赋能"一章中插入关于多样性的
内容呢？

我们已经知道，70% 的学习实际上是经验式学习，也
就是"边做边学"。在多样化的团队（不仅仅是性别多样

⊖ 视觉引导（Graphic Facilitation），一种广泛使用图像来引导个人和团
队实现目标的方法，被用于各种例会、研讨会等。——译者注

化！）中工作，可以发现对于每个问题，人们有许多不同的视角和思考维度。不同的视角会给人启发，促进横向思维与水平思考，使对话变得更丰富，因此能够与各类利益相关者建立联系。如果倾听型领导者的工作是理解利益相关者，并把他们的意见纳入企业决策，那么倾听型领导者就需要有更多触角以接触利益相关者。这正是多样性对组织的积极作用。

因此，应确保你的团队既有多样性，又能密切合作——既需要以合作的态度对团队的一般性任务形成共同理解，又需要团队成员具有多样性。

当我刚刚加入安联集团的危机管理委员会时，里面有8位男性成员，且都是白人，其中7人是有两个孩子的中年父亲，1人是有两个孩子的年轻父亲（我），8人中有7人是律师（除了我）。我马上意识到，我将会成为体现"多样性"的团队成员，哈哈……在许多情况下，当我们招募女性成员时，拉大彼此的年龄差距时，吸收第一位心理学家时，引入非欧洲籍成员时，危机管理委员会的成效会大大提高。随着多样性的提高，该委员会日益变得更有成效，能够从不同角度识别危机，把原本被忽视的利益相关者纳入考虑范围，重视不同文化背景之人对特定决策的反应。简言之，我们的工作成效更突出了。

为什么多样性对沟通型领导力如此重要？因为多样性

和同理心是两种非常强大的工具，有助于企业与各种利益相关者进行良性互动。团队多样性越高，成员能够联系的利益相关者就越多；团队成员同理心越强，就越能够设身处地站在利益相关者的角度思考问题。

在具有多样性的环境中学习可以丰富自己的经验，因为多样性使人们对某个问题持有更多种观点，这可以开阔你的视野，让你了解某些决策如何与利益相关者产生共鸣。你自己不可能既是男人，又是女人；既是老人，又是年轻人；既是内向的人，又是外向的人。

对于倾听型领导者，重要的是能接收到信号（无论是强信号还是弱信号），立即注意到危险信号，验证某些行为的影响，收集反馈信息，为决策做准备，并进行尝试来看看他人对此的反应。请记住，战略由两部分构成：一是领导者和企业的愿景，二是领导者和企业所处的环境。优秀的企业能够对内外部环境进行解读，适应其变化，让利益相关者受益。

如果没有雷达防线（同理心），你就无法看到不明飞行物；如果团队中有半外星人斯波克先生[⊖]（多样性），你就可以识别来自瓦肯星的星舰。

多样性之所以极为重要，是因为它不仅关乎公平与精

⊖ 斯波克先生（Mr. Spock）是《星际迷航》系列电影和电视剧中的一个人物角色，属于半外星人（人类与瓦肯人的混血）。——译者注

英制度问题，还关乎对大量利益相关者更富同理心的能力，而这种能力将使人采取相应的行动并努力取得成功。

企业的哪些举措可以最好地赋能利益相关者

在德国电气巨头西门子公司有句老话："假如西门子公司知道西门子员工所知道的就好了。"显而易见，企业汇集的知识从未得到充分利用。关于如何管理企业内部的知识传播，已经产生了许多重要的研究成果。许多企业已经设立了首席知识官岗位，但我尚未发现哪家企业能够彻底解决该问题。如果你有这类企业的线索，请告诉我，我将感激不尽。

在获得这个圣杯宴会的菜谱（即关于如何管理企业内部的知识传播的具体建议）前，我会提供若干帮助，引导你的企业开启一段赋能员工并培养沟通型领导力的旅程。

1. 在企业内部创建一个所有员工都能访问的社交平台。

2. 采取激励和认可举措来鼓励员工分享知识。

3. 营造一种开放的文化氛围，让员工的每种贡献都受到重视。

4. 把分享知识作为领导价值观和管理层目标的构成部分。

5. 年度敬业度调查务必衡量团队的知识共享程度。

6.通过一系列故事来说明企业的运作方式、员工的教育背景和职业背景、他们当前的任务和曾经的成败。企业的运作要透明，可以用故事来说明某个部门为什么如此运作以及它发展的方向。

7.如果你掌握知识资源，那么可以对其进行梳理并让专业人员传授给所有其他员工——财务、销售、营销、运营、信息技术、产品开发、后台、前台等部门的员工。如果你掌握大量知识资源，那么可以创造一所适当的企业大学。

远离实践的学者

我在"仓鼠转轮"[⊖]上犯的另一个罪过是，认为学术和研究是聪明人的乐园，他们不知道靠管理谋生有多么艰难。在过去的 4 年中，我全天候从事迈勒 - 坎贝尔商业教练项目，培训企业的非执行董事。其间我同时在安联集团管理沟通部门，并不断学习以更新技能。这两项工作都需要阅读大量相关资料。本来它们是需要完成的义务，现在却成了日益增加的快乐和灵感时刻的源泉。在本书的参考书目中，我列出了辅导过程中必须阅读的清单，以及与同事们

⊖ 仓鼠转轮（Hamster Wheel），一种供仓鼠运动的小装置，常用来比喻忙忙碌碌却一事无成。——译者注

讨论的清单。阅读、讨论、撰写工作论文、用实际工作经验验证已有的研究成果，这些工作极大地提高了我的领导力。在过去 4 年的企业工作生涯中，我成长为一名更优秀的领导者，许多直接下属和团队成员都这样告诉我。总之，关于这个问题，我没必要用两三段话来占用你宝贵的时间，你好好考虑一下即可。如果你可以利用学术成果和观点来提高自己作为领导者的绩效并赚取利润、节省时间，你难道不会重新考虑那些有助于你取得成功的研究成果吗？试试吧，这非常值得一试。可能只需要让一位具有良好学术背景的团队成员每年准备一两次会议，向整个团队分享影响业务、领导力与学习的相关研究成果，并留出专门的时间阅读就够了。这不需要太大的成本。请记住，所罗门王获得了辨别是非的心，同时也获得了财富与长寿。

识别偏好与优势的工具

偏好

MBTI：迈尔斯 - 布里格斯性格分类指标（Myers-Briggs Type Indicators，MBTI）体系是最古老的偏好调查表。该指标体系基于荣格⊖的心理类型理论，由凯瑟琳·布里格斯和伊莎贝尔·迈尔斯母女在 20 世纪四五十年代开发。

⊖ 荣格（C.G. Jung，1875—1961），瑞士心理学家，分析心理学的开创者。——译者注

MBTI 可以帮助你确定自己属于 16 种基本性格类型中的哪一种。同时有助于同他人建立联系，有效利用自己的性格，以自己的方式提高绩效。

积累了若干 MBTI 经验的倾听型领导者，不但要知道自己属于哪种性格类型，还要了解员工的性格类型，以及如何在不同的任务中采取不同的方式，来最充分地利用他们的不同性格。高效率地应用这些知识，可以使人们的互动发生变化。唯一的缺点是，不是每个人都能做到。你需要和接受过 MBTI 培训的教练一起开展工作。在大型组织中，你通常会找到受过 MBTI 培训的人力资源专家或外部顾问，他们能够提供帮助。

要查看这些指标，请访问：www.mbtionline.com/。

为获得更深刻的洞察，你可能还需要使用下述工具。MBTI 旨在了解你以及团队成员的偏好，而下述工具旨在了解你以及团队成员的优势。

优势

优势识别器：1998 年，优势心理学之父唐纳德·克利夫顿[⊖]、汤姆·拉思[⊖]以及盖洛普公司的科学家团队共同创建了在线优势识别评估系统。该系统囊括了从"成就"到"追求"等 34 种性格类型，能够帮助你做出充分发挥

⊖ 唐纳德·克利夫顿（Donald O. Clifton, 1924—2003），美国心理学家、教育家，曾任盖洛普公司董事长。——译者注

⊖ 汤姆·拉思（Tom Rath, 1975—），美国管理顾问，致力于研究基于优势的领导力。——译者注

自身优势的行动。你可以在付费后在线使用该系统，网址如下：www.gallupstrengthscenter.com/Purchase。

24 种人格力量测试（VIA）：VIA 是在积极心理学之父马丁·塞利格曼的指导下开发的，其中的性格类型源自塞利格曼的研究成果，范围从 A（欣赏美丽和卓越）到 Z（有活力）。该测试可以免费使用，网址如下：www.viacharacter.org/www/The-Survey。

人生取向（LIFO）：人生取向基于埃里希·弗洛姆[一]、卡尔·罗杰斯[二]、亚伯拉罕·马斯洛[三]的研究成果，聚焦领导者、团队与个人的必要优势。该方法始于确定每个人工作和生活的基本取向。基于此，它提供了强有力的学习策略以提高个人的工作成效，增强对关键人物的影响，并实现更有效的团队合作。该方法被用于创造自我意识，并为个人提供了采取一定行动做出改变的机会。网址如下：www.lifo.co/im-people-person/。

Realise2 强项鉴定：这个在线测试可以考察你的优势和劣势，并将其划分为四个方面：已实现的优势、未实现的优势、劣势、已学会的行为。当你想要重新分配

[一] 埃里希·弗洛姆（Erich Fromm，1900—1980），美籍德国心理学家，人本主义哲学家。——译者注

[二] 卡尔·罗杰斯（Carl Rogers，1902—1987），美国心理学家，人本主义心理学的主要代表人物之一。——译者注

[三] 亚伯拉罕·马斯洛（Abraham Maslow，1908—1970），美国心理学家，需求层次理论的提出者。——译者注

自己的精力时，请重点关注最后一点，因为这是你通过努力学习而变得擅长的行为，但这类行为会占用你的精力，且并不总是能够自然而然地做出。减少这些行为，也会让你节省需要耗费的精力。若你想要进一步了解并购买，请访问：https://realise2.cappeu.eom/4/login_public.asp。

第 3 章需要记住的要点

1. 识别自己以及团队成员的优势。

2. 不要聚焦于劣势，要强化优势。

3. 聚焦于优势可以大幅提高绩效。

4. 满足员工的动机以提高绩效。

5. 避免"群体思维"。

6. 培训的七个要点：战略、客户、倾听、危机管理、有效沟通、有效展示、综合报告。

7. 经常使用低成本、高回报的"员工交流"。

8. 采用情感、视觉、听觉刺激来更充分地赋能。

如果你已经掌握了为他人赋能的技艺，那么就赢得了绿带。你只差两步就可以赢得倾听型领导者黑带了。

千禧世代对妨碍赋能的因素的看法

哪些因素会妨碍你为人们赋能？

识别实际的发展可能性

让我们从最明显的开始。如果查理·卓别林[⊖]的父母当初同意他的想法，认为他最好的职业生涯是参加篮球锦标赛，那会如何？卓别林可以拿出大量时间训练打篮球，但因为身高限制，他将永远无法实现目标。或许世界会因此失去一位伟大的喜剧演员。这表明了妨碍因素位于何处，这些妨碍因素可以是身体方面的，也可以是智力、心理、性格等方面的。当我们谈到技能时，既包括技术性的"硬"技能，又包括"软"技能，它们是个人成长或职业发展的主要内容，但事情可能并不像我们想象得那么简单。妨碍因素也可能来自个人内心的兴趣冲突或看似无关紧要但具有影响力的因素。我和同龄人都认为，只有通过对话才能真正揭示这些妨碍因素。然而，如果认为所有事情会随着一个关于兴趣的简单提问而浮出水面，那就太幼稚了。这就是为什么领导者在开展讨论时必须有情商和毅力，并采取因人而异的方法。在我们千禧世代看来，优秀领导者会思考如何消除自己的妨碍因素，但伟大领导者会思考如何帮助员工消除妨碍因素。只有这样你才能发现，尽管拉赫尔（Rachel）非常喜欢演讲，但她一再回避演讲的原因是某

⊖ 查理·卓别林（Charlie Chaplin，1889—1977），著名喜剧演员，身高1.65米。——译者注

位同事常拿她的英语发音开玩笑；保罗（Paul）在若干国际
项目中遭遇挫折，原因是他在同外国客户打交道时遭遇了
文化差异。

担心在员工身上的投资遭受损失

我认为，这是当今领导者和企业在员工赋能方面最主
要的妨碍因素。一方面，人才争夺战愈演愈烈。相比于短
短几十年前，现如今优秀人才对雇主的要求已经高得多。
一根不错的旧鱼竿已经不足以钓到稀有的外来鱼种了。相
反，他们面前不停晃动着钓饵——让他们感到舒适的、工
作与生活融合的（虽然往往只是两者混在一起的借口，而不
是合理分开）、能够不断成长的承诺。一旦你钓到受过高等
教育的"珍贵鱼种"，那么真正的战斗就开始了。职业生涯
模式已经发生了巨大变化。现如今，还有多少人在职业生
涯的头十年中没有经历过两次跳槽？还有多少人没有在 40
岁之前改变过职业生涯路径？企业感受到了对人才保持吸
引力的压力。这就是"参与"和"赋能"成为流行词汇的
原因，一旦听到这两个词，房间里所有人的耳朵都会竖起
来，并警觉地把头转过来。另一方面，我似乎听到某位愤
愤不平的领导者用拳头捶着桌面，嘴里抱怨道："蠢极了。
他们耗干了我们的资源，让我们一无所获。我们为什么要

在这上面浪费资源？"尽管人们往往担心留不住人才，但我相信，在许多情况下原因是，领导者与人才间缺乏真正的沟通。除了那些罕见的操纵狂（或许本书的任何内容都对他们无效），如果人们在心理上有安全感，那么他们就会愿意参与坦诚的对话。如果我知道能够和老板谈论未来几年自己想要从事的工作，即使这意味着我考虑离开这家企业也没关系，仅仅讨论本身就可能让我认识到以前从未考虑过的选项。我认为，相比于回避这些与日常工作没有密切关系的问题，坦诚地讨论和思考相关策略更可能留住人才。

艰巨的组织重组任务

或许，在阅读本章的某些段落时，你会想："没错，这一切都很美好，但为了让这些要素各就各位，你必须构建一个非常具有适应性的组织结构，这是当前大型企业的等级结构和已有做法所缺乏的。"确实如此。在一个更小型、更年轻、更灵活的组织中，某些方案更容易推行，但并不尽然。为了给员工提供最好的工具以让他们感到获得了授权，企业应该利用的最佳机会之一就是自身的网络。专业知识、资源和经验往往闲置在世界另一端或另一个部门，与此同时，其他部门急需却求之不得。在两个部门间建立联系的一个简便方法是运用企业社交网络（Enterprise Social

Network, ESN）培养所谓的"分散式智慧"。尽管许多企业有内部网甚至企业社交网络，但它们往往不能充分发挥作用。我曾经有幸与社交媒体大师马斯·纳迪姆[⊖]共事，他帮助我认识到了企业社交网络的无限可能性，该网络提供的想法可以从系统地记录所有项目开始，这些项目涉及相关的技能、个人优先次序和价值观，直到根据偏好和性格类型开展工作。可能性是无穷无尽的。你可以让信息技术部门构建该网络，或者（在理想情况下）征求社交媒体专家的意见，他们可以运用关于人类如何思考的知识来让信息顺畅地流动。

不恰当的手段

即使你希望赋能员工，并建立所有相关的制度体系，但仍可能无法实现目标。我们正在从正式的课堂和网络学习过渡到非正式的社交和协作性学习，其中成长、学习与工作有内在的联系。让千禧世代感到自在的若干学习新趋势本质上具有协作性：

- **团队学习。** 在医院里，医学专业的学生们经常边走边聊，每个人都能对特定病例贡献某些知识，并告

⊖ 马斯·纳迪姆（Maz Nadjm，1973—），社交媒体专家，著名销售与营销平台 SoMazi 的创始人之一。——译者注

知或提醒其他人。企业员工同样如此，企业中存在一个庞大的知识库，需要他们彼此分享。

- **从经验中学习。** 企业员工的经验可以让其他员工大大受益，也可以发挥指导作用。没有其他任何培训比这更符合企业的要求。

这种培训方法对千禧世代和非千禧世代都非常有用，因为它利用了日益提高的多样性，部分或完全融合了原本分散的技术。这种主动学习可以吸引员工参与，在被动的听讲、阅读与观看基础上，增加了主动的思考、解释与阐述。

研究与实践之间的鸿沟

在研究组织行为学期间，我学习了大量关于最优和次优商业实践的研究成果。然而，在与我年龄相称的有限工作经验中，我发现尽管这些新观点来自企业的实验室和现场研究——正如你可能认为的那样没有与实践脱节，但它们并未被付诸实践，尤其没有被用于招聘和选拔。很多时候企业领导者不知道这些研究成果，他们的实践通常仅遵循行业规范。[14] 关于人力资源经理及从业者对有效人力资源实践的误解，一项美国的研究[15]和一项荷兰的重复性研究[16]都发现研究与实践在知识上存在重大差异。该研究引

用先前研究的成果，证明学术进步能够有效地改善企业的
财务状况和其他领域的绩效。尽管经验确实可以解释某些
事务，但忽视实证研究能够提供的宝贵见解是愚蠢的。更
通俗地说，我们鼓励企业与学术界建立联系。这可以从小
事做起，如领导者可以订阅前沿的科学期刊，每月与研究
人员进行一次早餐会，并与大学或其他研究机构建立伙伴
关系等。

The Listening Leader

How to Drive Performance
by Using Communicative
Leadership

第 4 章

授权

调动利益相关者的力量

- 为什么授权给他人不会损害优秀的领导者，反而有助于他们在分享权力的过程中成长？

- "权力"对千禧世代意味着什么？为什么传统的"胡萝卜加大棒"变成了"履行天职加害怕社会孤立"？当今奖励与惩罚、激励与恐惧的新驱动因素。

在讨论如何最优地给他人授权之前，需要澄清两个必要的前提。首先，招聘合适的人选。你需要配置合适的团队成员，否则你就可能授权给不合适的人。正如苹果公司的人才主管丹·雅各布斯（Dan Jacobs）所言："我宁愿岗位空缺，也不愿招聘一个错误的人。"

其次，团队成员需要高度敬业。敬业度源自动机，正如我们所见，动机取决于自主、掌握知识与工作目的。团队成员的敬业度可以通过敬业度调查来核实，在多数企业中，这是一种常见的工具。如果迄今为止你一直在推进自己成为倾听型领导者的旅程，那么你拥有一个高度敬业的团队的概率会非常高。

信任极其宝贵，它是你与团队成员间关系的基础。本书引言部分已经讨论了如何建立信任的问题。

万事俱备，现在让我们探讨授权。

授权的真正含义

每天收到五六百份电子邮件、十来封信；记者要求你提供信息，同事要求与你讨论某个议题，从早 8 点到晚 8 点全天 12 个小时连续开会。这是一位忙碌的管理者的日常。你几乎没时间接电话，也没时间妥善处理突如其来的电子邮件，更不用提回复社交媒体上持续不断的消息了。有人在推特上联系你，你需要立刻回复。有人在博客上讨论你的职责和你本人，你也不能等，得立刻回复！人人都等着你拿主意。至少包括你在内的所有人都认为，这些都是管理者义不容辞的责任。即使面对最复杂的难题，你也总能抓住要点，做好准备，随时做出决策。在一周的工作结束后，难怪许多管理者会感到疲惫不堪。除了工作以外，管理者的私人生活，也需要他们考虑并做出决定。

这就是许多优秀著作获得成功的原因，从多年前肯·布兰佳出版的《一分钟经理》[⊖]到埃德隆德的《猴子管

　⊖　肯·布兰佳（Ken Blanchard），美国作家、企业顾问，曾出版畅销书《一分钟经理》（*One Minute Manager*），迄今已售出 1500 多万册。——译者注

理法》⊖或安肯的同主题作品⊜，再到史蒂芬·柯维论述提高
效率的畅销书⊜，都精彩地论述了如何委派任务，如何避免
每个人都把工作任务推给你。

造成这种犹如置身仓鼠转轮的感觉是谁的错？组织的
商业模式是什么？其他人缺乏才智吗？裁员的代价是有幸
保住工作的员工必须处理比以前多得多的工作，或者企业
美其名曰"工作成效更高了"？你可以花费宝贵的时间寻找
造成这种情况的人。

深呼吸，然后自问：这与我有关系吗？

很有可能有关系。

作为管理者，你想要一切尽在掌控中。如果你必须为
自己的职能负责，那么就需要了解部门内发生的一切，这
就是为什么你告诉员工相关邮件必须抄送给你。你每天收
到的 500 封邮件中，有多少是抄送给你而非直接发送给你
的？你想要管理预算和资源，这就是为什么在支出资金和

⊖ 简·罗伊·埃德隆德（Jan Roy Edlund），美国管理顾问、培训师，曾
出版畅销书《猴子管理法》（*Monkey Management*）。——译者注

⊜ 威廉·安肯（William Oncken），美国管理顾问、企业家，1974 年
在《哈佛商业评论》发表"时间管理：谁得到了猴子？"（Management
Time: Who's Got the Monkey?），最早提出"猴子管理法"理念。——
译者注

⊜ 史蒂芬·柯维（Stephen R. Covey），美国作家、顾问，这里提到的
畅销书指其代表作《高效能人士的七个习惯》（*The 7 Habits of Highly
Effective People*）。——译者注

配备人员时，人人都要征求你的同意。你的日常决策中有多少涉及小额预算？有多少涉及平息两个团队之间的争吵，例如哪个团队可以安排人员负责某个重要项目？为实现企业的目标，有多少会议是必不可少的？你召开了多少次此类会议？

你是团队的瓶颈吗

瓶颈的难题在于，组织中弥漫着一种支持"责任到此为止"[⊖]的文化。员工已经放弃了共同塑造组织的未来，决定只为自身利益工作，薪酬并不足以使其勇担失败的风险。由于员工的每个提议往往都被管理者否决，因此员工认为提出新想法变得没意义。

存在这种情况的组织遍布各地，基本上可以划分为两类：第一类组织之所以能够生存下来，是因为它们受到保护，如无须承受竞争压力的政府机构、掌握特定市场的垄断机构；第二类是同其他企业开展竞争的私营组织，这类组织将难以生存。虽然第二类组织的消亡可能非常缓慢，如持续十年之久，但它们注定消亡。这类组织的发展会日益

⊖ "责任到此为止"（The buck stops there），美国前总统杜鲁门的名言，意思是为政府部门的行为承担最终责任，不容也不会推卸。此处作者使用这句话的贬义，用来指领导者到处插手、大包大揽。——译者注

趋缓；缺乏动力；管理者和员工往往疲惫不堪、提心吊胆；
无法吸引和留住优秀人才；无法推出新产品和新工艺来不断
自我更新。因循守旧的管理层耗费了人们太多精力，导致
组织的一切都僵化、缓慢。

传统上，最好的解决办法是授权。授权源自拉丁语动
词"Delegare"的过去分词，意思是"派一名代表"——你
派一名代表作为你的替身参加会议，而他拥有你在开会期
间的权力。

授权是一个非常有效的工具。你要做的就是梳理你每
天的工作，并通过授权分派给下级人员。在每种情况下，
他们都犹如你的替身，可以成倍地代表你。他们的权力范
围取决于授权协议。他们身处代表你的岗位，可以替你
发声。

只要整体决策环境稳定可靠——人人都持有明确的立
场，业务前提清晰明确，选择仅限于简单的"是"与"否"，
那么授权就能够发挥作用。如果你知道管理者的观点，那
么你只需要说出他的看法就行了。对管理者而言，这样相
当于同时做出了两个决策，一个是由亲自做出的，另一个
是由被授权者做出的。员工越多，环境越稳定可靠，管理
者就越容易通过授权减轻自己的工作负担——只要不出现
下述情形：管理者掌握的资源减少或缺少合适的授权人选；
授权所需的稳定可靠的环境不复存在，宏观形势、市场状

况、利益相关者的期望都迅速变化，以致被授权者需要更频繁地向管理者请教"我该代表你说些什么？"——你不会允许他完全改变你的方针，对吧？

这是一个权力问题。

请记住，如果你的组织容忍和接受这一"责任到此为止"的文化而墨守成规，那么就意味着你要么是一名公务员，要么企业迟早破产，你将变得一无所有。

因此，你应该更妥善地管理从委派任务到授权的转变。

获得授权的员工敢于为自己的行为承担责任，无须查阅员工手册；能够与同事及老板讨论面临的困境，并认识到战略是不同利益相关者之间的微妙平衡，旨在兼顾企业和利益相关者的利益。这就是为什么获得授权的员工可以做决策。还记得那位把自己粘在保险公司大楼玻璃上的人吗（见第3章）？获得授权的分公司管理者及保安会根据常识处理这种情况，而不是绝望地在危机处理手册中寻找"胶水"类别的事件的处理方式。

正是人们的这种主人翁精神决定了其能够获得授权。

授权的益处

我为什么要费心给团队成员授权呢？这听起来似乎有风险。我真的应该放弃自己辛辛苦苦赢得的一点权力吗？

授权有以下几点益处，它们可以解答上述疑问。

1. 授权可以提高灵活性。获得授权的团队可以迅速适应利益相关者网络中发生的变化，提高团队的反应速度。在 VUCA[⊖]世界中，这是一个巨大的优势。

2. 授权可以促进创新。授权允许尝试和犯错（参见后文"失败协议"部分），通过与其他职能部门和利益相关者联系来鼓励新思考、新观点和创新。

3. 授权可以释放多样性的好处。多样性本身没有价值，其目的在于增强对不同利益相关者的同理心。授权可以让多样化的人才发挥优势，以便与利益相关者开展更丰富的对话。

授权工具

几个强大工具所产生的涡轮效应可以调动团队成员的力量，有些工具非常古老，如导师制；也有些工具在近些年才被概括为一种技艺，如教练制。下面来看一下这些工具（见表 4-1）如何帮助我们赢得授权棕带，这是获得倾听型领导者黑带之前的最后一步。

⊖ VUCA，四个字母分别指代 Volatility（易变性）、Uncertainty（不确定性）、Complexity（复杂性）、Ambiguity（模糊性）。——译者注

表 4-1 支持倾听型领导者的工具

工具名称及简介	
1. 教练制	指专业的、受过良好教育的商业教练与客户（雇用受训者的企业）以及受训者之间的关系，或者商业教练与受训者之间的直接关系。商业教练挖掘受训者的最大潜力，从而提高其绩效。商业教练提出合适的问题，帮助受训者理顺问题，并推动其解决问题。
2. 导师制	指经验丰富、知识渊博的员工（导师）与没有经验或经验不足的员工（学员）之间的关系。学员提问（挖掘）；导师回答，或提出建议，或给出另一种意见，并与学员分享自己的经验。主动性应该来自（主动的）学员，及时的回应应该来自（被动的）导师。
3. 咨询制	指不在职能岗位任职的专业人员（例如，沟通、法律或战略部门）给直线管理者提供建议。

教练制

多年来，我一直自视为安联集团最高管理层的教练。我建议他们充分地沟通；我给了他们许多（但愿是宝贵的）职业建议。我督促他们学习、接受培训，并尝试新事物；我提醒他们注意利益相关者的抱怨；我建议他们调整战略以适应市场形势的变化。我把上述种种行为称为"教练"。直到有一天，老朋友南希·格林（Nancy Glynn）告诉我，她的职业已经从企业高管转变为商业教练。她想要成为一名不再给人们提供建议，而是挖掘其最大潜力的教练。我瞬间感到胸口一阵气闷。教练不就是给人们提供建议的人吗？不，不是，起码南希·格林选择的非指导性教练不是。

在伦敦的迈勒-坎贝尔商业教练项目中，南希·格林干劲十足、充满活力，现在她是我的主管。在与迈勒－坎贝尔公司的标志性创始人、《金融时报商业教练指南》的作者安妮·斯库拉进行了一次难忘的谈话后，我决定加入该项目，开始认识到多年来自己不过是一名冒牌教练。在伦敦接受教练制教育之前的数十年中，我所做的是提建议而非教练。我仅仅是一名告诉最高管理层面临哪些选项的专业人员。相反，教练旨在挖掘客户（受训者）最大的潜力从而提高其绩效。对采用教练制的领导者而言，他的客户就是员工。

关于非指导性教练，安妮·斯库拉写道："导师制、培训、咨询制是为客户提供建议；而教练制是挖掘客户自身的最大潜力。"[1]

"完善的教练制的效力太过强大，若它是一种药物，必然属于非法药物。一位客户走进教练研讨会时，感到工作压力巨大、负担过重，准备放弃，但一个小时过后，他的状态发生了巨大转变：清晰、专注、平静，准备战斗并努力赢得胜利。"[2]

教练制并非溺爱。不过，仍有一些领导者（幸运的是，这类领导者日益减少）认为，接受教练意味着暴露劣势，或者这仅仅让自己感觉良好。事实并非如此。完善的教练制可以大幅提高绩效。教练技术不限于向专业教练购买。领导者自己也可以成为教练。最好的学校（哈佛商学院、迈勒－坎贝尔公司的企业大学等）也为那些希望利用教练技术成为更优秀领导者的直线管理者和参谋人员开设了相关课程。

倾听型领导者也是教练型领导者。

教练技术不能通过一段话来讲授，但可以通过简单梳理由约翰·惠特默爵士开发的 GROW 模型来学习，这是商业教练领域最常用的模型，或者如果你认为可以的话，这也是与员工进行对话时最常用的模型。该模型阐述了教练对话的基本框架，由一名教练集中倾听绝大部分对话，并围绕下述四个方面询问一些具有启发性的开放问题：

- 设定短期和长期目标（Goal）。

- 考察现实（Reality），探索现状。

- 寻找选项（Options），确定替代策略或行动方针。

- 明确做什么（What）、何时做（When）、谁做（Who）以及相关的意愿（Will）。[3]

GROW 模型已经有了改进版本，如成果教练模型⊖。

重要的是，该过程的推进有赖于良好的客户提问能力和集中倾听能力。一个教练周期可能会持续整整一年，受

⊖ 成果教练模型（Achieve Coaching Model），是 GROW 模型的扩展，包括七个步骤：评估现状、头脑风暴、设立目标、生成选项、评估选项、制定有效的行动方针、推动前进。——译者注

到保密协议的保护，该协议通常在双方第一次会议之后签订，由客户和教练决定是否开启一段教练关系。教练制遵守特定的道德标准（例如全球商业教练协会[○]制定的标准，请访问：www.wabccoaches.com），教练制应该是非指导性的（挖掘潜力而非提供建议），充分意识到心理治疗的边界，并通过实践、同事交流和监督不断完善。

这好极了。双方建立教练关系，有助于孕育想法，获得新观点，突然意识到存在某些重要的见解，从而解决先前无法解决的工作难题，这是让人感到幸福的时刻。因此，我感谢老板让我填补一个领导岗位，并接受一流的培训，这些培训使我得以担任跨国企业高层领导者的教练，指导他们迎接非常有趣的挑战。

监督是完善的教练制的关键。这包括定期与同事、经验丰富的教练讨论棘手情况，找出任何教练都可能存在的盲点、道德问题，并围绕经常出现的关键问题进行磋商："该客户是不是不仅需要商业教练，而且需要心理咨询？"

教练策略

每家为员工聘请商业教练的企业都应该采取一种更具影响力的教练方式。我指的并不是某些人力资源管理者

○ 全球商业教练协会（WABC），一家全球性的教练协会，成立于2002年。——译者注

的本能，他们会为商业教练、采购方针等制定一套价格指令——所有这些都合理合法，但不值得在此专门论述。企业采用教练制时，应安排理解该职业、行情以及此类工具可能带来的附加价值之人来管理。

我认为，教练制有形成深刻洞见的巨大潜力，而企业，甚至那些具有专业人力资源实践经历并习惯于同教练合作的人往往尚未挖掘这种潜力。

企业可以从这些与员工共同开展工作的教练身上学到两点：

- **透过现象看本质——揭示企业的隐藏状态**，包括发展趋势、预警信号、企业文化中的潜规则、当前压力水平及可能的根本原因、新流程或多样化政策的实施等。在不违反保密协议的前提下，教练能够以匿名方式分享对企业的看法，同时，围绕客户企业的管理者关心的问题，教练在安全可靠的环境中表达自己的感受时仍可以向他们提供相关建议。

- **帮助把个人动机与企业目标匹配起来。** 为了实现共同目的，不断追求企业与管理者之间的互惠非常重要。个人目标与企业目标越匹配，人们的动机就越能得到满足，企业也就越成功。教练们都接受过充分的培训，可以发现两者的差异并提出具有启发性的问题。如果你注意到自己的目标和企业目标渐行渐远，那么最好考虑跳槽。对企业和受训者而言，能够识别这种变化的教练可以作为非常有用的试金石。

导师制

导师制是指经验丰富的人指导经验欠缺的人。或者，更正式地讲："导师制是经验丰富且知识渊博的员工与经验欠缺的新员工之间建立的一种正式或非正式关系，旨在帮助新员工迅速融入组织文化并遵循相应的社会规范。"[4] 正如该定义中提到的，导师制可以广泛应用于不同的组织，从咨询机构到监事会，从初创企业到高校等都可以。

当教皇去世

在 16 岁的时候，我曾经受雇于一名勇敢的女性弗兰卡·马尼亚尼（Franca Magnani）。马尼亚尼是德国广播电视联合会驻罗马电视台的记者，她给我提供了一份工作，让我可以在下午一边完成高中作业一边负责接听总机电话。两年后，具体是在 1978 年 8 月 6 日，罗马发生了一件极其重要的事情，保罗六世教皇去世了，这导致一切都乱了套。20 天后，新任教皇若望·保禄一世（John Paul I）当选，电视台制作了新教皇的肖像，几周紧张的工作结束后，精疲力竭的记者和摄影师们纷纷去休假了。他们本应在 8 月休假，但由于保罗六世教皇去世，这些假期都被取消了。因此，同年 9 月 28 日新任教皇若望·保禄一世也突然去世时，除了我和摄影师施密德（Abo Schmid），这家电视台的办公室中没人能向德国公众报道该消息。当时我是 1 名刚满 18 岁的新手，从未站在过镜头前。但在事件发生后的头几个小时，只有我一个人在那里。因此，我有幸亲自报道了这条消息，在接下来几个小时内，马尼亚尼和其他人赶回来，而我又回到无足轻重的工作岗位。后来，在结束这段时间的工作准备返回学校时，我问马尼亚尼，如何才能适当地感谢她给我提供这么好的机会和信任。她答道："不用谢我。将来你从事某种职业时，要像我帮助你一样去帮助年轻人。"

弗兰卡·马尼亚尼是我的第一位导师，多年来她的智慧与教导让我受益匪浅。一位优秀的导师可以改变你的生活，帮助你认识自我。倾听型领导者往往也是一名导师。

导师往往资历更深，能够解答学员提出的问题。双方的融洽关系立足于学员的主动性——学员主动提出问题，并由导师解答问题，导师从而利用其经验、技能和知识来提高学员的绩效。毋庸置疑，导师也会从优秀学员身上获益良多，导师可能会被问到先前从未充分思考过的问题，也可能会听到不同于以往的新观点，并受益于这些对企业现实的全新看法，从而形成新见解。

交叉导师制

交叉导师制是指不同部门的人彼此作为对方的导师，甚至不同企业的人之间（除非企业之间是竞争对手关系）也可以如此，这是提高员工绩效的一个有效方法。交叉导师制的好处是能够进一步开阔视野，领会不同环境中事务的不同处理方式。

多样性导师制

有时采用导师制的项目基于导师与学员之间的多样性（除了资历，还包括性别、种族、教育背景、年龄等方面）。对导师和学员而言，多样性导师制是一个开阔视野并增加经验的额外维度，远远超出了个人的常见文化界限与社交界限。

跨职能导师制

律师的思考方式不同于数学家或小提琴家。未必吗？企业可以尝试采取跨职能导师制。尤其当企业的各部门存在截然不同但需要紧密协作的任务时，跨职能导师制被证明非常有用。销售部门可能会遇到合规性问题：有时保险公司的销售代理人会出现不当的销售行为，这会受到他们公司和执法部门的严厉制裁。企业可以安排合规部门的人员担任销售人员的导师，反之亦然，这可以有效增进两个部门人员之间的相互理解，是用于改变行为的众多工具之一。

反向导师制

反向导师制是指由资历较浅的人担任导师，来指导资历较深的人。例如，数字业务领域可以采用反向导师制。请阅读第 5 章末尾，我属于千禧世代的女儿克莱门蒂娜担任她属于婴儿潮世代的父亲的导师，倡导沟通型领导力。

作为一名倾听型领导者，你的角色是确定团队中是否有人受益于导师制，若是，那么具体是上述哪种导师制。

正如倾听型领导者需要掌握的其他技艺（信息、沟通、赋能和推进变革），授权也有相应的工具。最有力的工具就是前文描述的教练制和导师制。

授权的 6 个技巧

教练制和导师制是两种最重要的授权工具。

在此基础上，我提出加快授权员工的 6 个小技巧：

1. 达成"失败协议"。

2. 重新分配权力。

3. 战略与内在动机保持一致。

4. 学会应对困境。

5. 休息一下：让别人带头。

6. 避开猴子。

达成"失败协议"

哈佛大学心理学教师、作家泰勒·本–沙哈尔[一]曾说："我们要么学会失败，要么失败地学习。"

在员工承担责任并获得授权，代表企业采取行动的过程中，最大的障碍是员工害怕失败。

态度和文化等同于"从失败中学习"的环境。你必须以身作则：做一名合理的乐观主义者，而不是一名消极的完美主义者。

如果你有一套该做什么、不该做什么的清晰规则，那么你总是可以根据规则手册做决策，把责任留给那些授权你作为代表的领导者。

这够吗？不够，因为这不能激发利益相关者的热情。

与员工达成一份协议，但不要忘记其他利益相关者：当我们未能满足客户需求时怎么办？我们会变得具有防卫性吗？我们会否定期评估这种失败对利益相关者的影响？我们如何减少或消除失败造成的影响？我们会道歉吗？我们是否与利益相关者分享我们学到的教训？

这够吗？仍然不够，因为这仍不能激发利益相关者的热情。

[一] 泰勒·本–沙哈尔（Tal Ben-Shahar，1970— ），美国作家、积极心理学家。——译者注

务必与团队成员讨论失败。专门召开一次会议，讨论你想与团队成员签署的合同，即"失败协议"。我们应该如何对待失败的责任，如何从失败中学习？设法解决所有悬而未决的问题，制定一套简单明了的规则，最好不要超过6条，例如：

1. 我们从失败中学习。

2. 我们自愿提供关于失败的任何信息，我们积极主动地处理错误。

3. 我们不进行评判，我们试着用心倾听并努力理解。

4. 标准由以身作则的领导者制定。

5. 我们接受伴随失败而来的情绪，而非试图立刻"修复它"。

6. 我们评估失败对所有利益相关者造成的影响。

根据上述共同制定的规则去处理每次失败，相关人员不会遭受惩罚，反而会受到奖励——是发放奖金、给予认可，还是领导下一个项目，这由你决定，具体应取决于团队的激励结构。

重要的不一定是协议的措辞，而是团队成员的态度和精神、对规则制定过程的参与及对协议的认同感。

哈利的选择

有时候规则手册不能灵活恰当地满足客户需求。让我们来看一下在我和家人最近一次去澳大利亚的旅行中，授权对我以及家人意味着什么。One & Only 集团在澳大利亚的海曼岛（Hayman Island）打造的豪华度假村是地球上最美丽的度假胜地之一。当我偕同妻子以及 3 岁的儿子到那里时，我们惊讶地发现预定的"家庭房"有两间非常宽敞的独立房间，而我们实际上只需要一间就够了。"家庭房"意指一个单独的空间，而在海曼岛上意味着两间房。我们立刻表示不需要第二间房，并把钥匙交回了。所有费用已预付，旅行社告诉我不能退款，这在服务条款中已经写明。其他的一切都非常好，包括房间、服务、食物、天气、令人难以置信的美丽风光和神奇的海洋生物，我们确实非常享受在那里的时光。但旅行社顽固的、违反常识的回应促使我要求与酒店经理哈利（Harry）谈谈。很明显，根据法律我无权要求退款。但他也很清楚，我对该度假胜地近乎完美之外的瑕疵感到失望。哈利被我说服了，承诺会退款。当我告诉代理人此事时，她说："哈利的老板会恨不能把他钉死在十字架上，他们从不会退款。"几天后我见到哈利的老板，他只是说："如果哈利认为退款是正确的，那么他违反规定一定有充分的理由。请您继续享受我们的服务吧。"这一下就把一位来度假的旅行者转变为了热情的客户。

　　这家酒店的老板允许哈利扩大自己的权责范围，从而实现让客户满意的承诺。在这样的企业中工作是哈利

> 的幸运。
>
> 　　但如果老板真的像代理人猜测的那样恨不能把哈利钉死在十字架上呢？如果哈利犯了错误呢？

　　我们处理错误和失败（甚至是微不足道的错误和失败）的方式，可能成为扼杀或发展（培养沟通型领导力的）合适文化理念的关键。错误总会出现——真正的挑战是务必认识到错误，真正理解错误，然后思考如何解决。只有了解发生了什么，才能知道不该做什么。

咨询制

　　当你给一位非专业人士提建议时，就是在给他提供咨询服务。这是与首席执行官或律师沟通的人通常会做的事情。

> 　　安妮（Anne）确实把事情搞砸了。她把所属部门所有人（包括部门领导）的工资单都放进了传真机，然后按了税务会计的短线拨号功能键。至少她是这么认为的。结果她又看了一眼短线拨号清单，心突然跳到了嗓子眼儿。她没有把工资单发送给税务会计，而是发送给了一位业务伙伴。
>
> 　　她别无选择，只能向部门领导坦白自己不小心泄露了信息，并做好了被辞退的心理准备。领导回答道："安

妮，从下周开始，我给你涨薪 10%。"

她简直不敢相信自己的耳朵。领导简单解释道："你立刻坦白了自己的失误。你很勇敢，能够为自己的所作所为承担责任。你懂得如何面对失败。这必须得到奖励。"

在这一过程中，安妮目睹了一位倾听型领导者的所作所为。

多年后，安妮创办的企业不幸破产，这位勇敢的英国企业家现居慕尼黑，她走出企业破产阴影的方式极为不凡：讲述破产经历及其经验教训的书登上了畅销书排行榜，并且保持了很长时间。[5]

如果你因为下属的错误而指责他们，那么你就不是一名倾听型领导者，更糟糕的是，你在拿自己的工作冒险。下次人们可能会试图隐瞒错误，指责他人或干脆逃避做决策。这会让你弄巧成拙——错误会转变为失败，而小谎言会转变为大谎言。

我的朋友克劳迪娅·丹瑟（Claudia Danser）是一位商业教练，她讲述了另一个有趣的故事，可以生动说明如何从失败中学习。

在加入英国广播公司（British Broadcasting Corporation，BBC）之前，韦恩（Wayne）是格拉纳达电视台

的一名年轻制片人。英国独立电视台[○]要求他更新最主要的长期放映节目《超级氪因素大赛》[○]，并希望这档节目更接近某档最新播出的节目，后者在年轻观众中颇受欢迎。因此，韦恩及其团队开始改变若干元素，采取非常激进的修改路线，最终制作出一套完全不同于原版的节目。在进行编辑的时候，韦恩认识到节目的变动太大了。他的感觉非常准确。首集节目播出后的第二天，韦恩一大早就收到一位老太太打来的电话，抱怨他毁了她们一家人最喜欢的节目。这只是第一通电话，后来韦恩陆续接到许多这类抱怨电话。观众的抱怨如潮水般涌入，修改后的节目再未播出。韦恩及其团队的改版毁了《超级氪因素大赛》——此前已经播出了 17 年。遭此失败，有人可能会一蹶不振，并认为自己的职业生涯毁了，但韦恩虚心接受失败并吸取了教训。后来，他为 BBC 工作，被要求更新广受欢迎但日益衰落的《体育问题》（*Question of Sport*）节目。韦恩在《超级氪因素大赛》节目中犯的每项错误都有助于他在 BBC 做正确的事。几乎毁掉职业生涯的失败让他认识到，此次要获得成功，就必须采取不同的措施。首先，韦恩及其团队坐下来思考这档节目的核心价值观。此后他们才着手改变，从而做出符合该

○ 英国独立电视台（Independent Television, ITV），英国一家可以免费观看的电视台，于 1955 年创立，总部位于伦敦。——译者注

○ 《超级氪因素大赛》（*Krypton Factor*），格拉纳达电视台制作的一档节目，于 1977~1995 年在英国独立电视台播出。——译者注

价值观的改变。这些细微修饰仅仅旨在更新节目，而不是彻底改变节目形式。通过这种方式，他们留住了节目的忠实观众，并在此基础上进一步发展。18 年后，《体育问题》依然非常受欢迎，甚至成为 BBC 最受欢迎的节目之一。当韦恩担任 BBC 娱乐频道主管后，对于周六晚上的节目制作，他继续用这种方式处理新团队的失败。他们共同酝酿并推出了许多没有成功的想法，通过吸取相关教训，韦恩及其团队以及 BBC 的委托团队创作并推出了《舞动奇迹》（Strictly Come Dancing）节目。该节目迅速成为获奖热门，连续超过 13 季都是英国、美国以及其他 40 多个国家的头号热门节目，并且该节目都是在各国当地制作完成的。若没有以前的失败，《舞动奇迹》就不可能成功。这就是为什么韦恩相信，作为一名有创造力的领导者，授权团队成员而不干预工作细节非常重要。

作为一名有创造力的领导者，你知道团队成员的一些想法行得通，也有一些想法行不通。但你必须让团队成员去创造，让他们自己领会是如何失败的以及为什么会失败。他们需要自己在某个时刻恍然大悟，以便真正受益于这种学习。如果你把一切都告诉他们，那么虽然他们不会把事情搞砸，但也不会真正地成长。他们将无法超越你的意见。在每个人成长和受教育的过程中，失败是最重要的经历。如同韦恩，要成为一名成功的、有创造力的倾听型领导者，失败是一个必不可少的因素。

重新分配权力

如何划分权力并授予团队的普通成员可能是一门技艺，但基本上人人都可以学会。

- 首先，简要梳理你在自己的岗位上掌握多少权力。

- 其次，审视你所掌握的权力，认清其中有多少是真正属于你的特权，你可以授予团队成员多少权力从而使其更有自主性。

- 再次，检验授予团队成员权力对其自主性提高是否有效，若无效就进一步调整。

- 最后也是最重要的，询问团队成员："需要我做什么你才能更加卓有成效，并做出有助于更快实现共同目标的决策？"

现在，也只有现在，你可以开始考虑如何确保形势不会失控，随时了解事态的发展，最终你必须与你的直接上级签署一份"失败协议"。

战略与内在动机保持一致

动机是无穷无尽的能量源泉，有助于调动人们的全部力量。如果动机与企业目标一致，那么这种动机是最优的。这就是为什么招聘合适的人员非常重要。要招聘、开发、赋能、授权合适的人员，你必须先了解他们，考察他们是否适合企业。双方都需要了解彼此的目的。广受欢迎的商业作家约翰·史崔勒基称之为"存在的目的"，并认为企业与员工需要在这方面保持一致。[6]

学会应对困境

在尝试避免错误时，我们会树立一个标准，据此判断对错优劣，并确定应该走的正确道路。IT 经理们为自己创造了一个多么美好的世界啊。尽管他们开发的系统会引发无数行动，但其核心基于简单的 1 或 0，即是或否。[⊖]

但世界并没有那么简单。平衡不同的利益相关者是一项管理者每天都在从事的工作，没有现成的规则手册告诉你什么是正确的，什么是错误的。

我经常与学生们讨论某些争议话题。有一次，我问他们是赞成还是反对童工制。当然，没有人赞成使用童工制。接着我问他们，是否在某些新闻杂志上看到过一张照片，照片上是一个来自科特迪瓦的儿童士兵。这就是童工制。

⊖ 此处是指计算机内所有信息均以二进制形式表示，也就是由 0 和 1 组成的序列。——译者注

他们的家人需要钱。那么，为赚钱而被迫参战和为赚钱而缝制皮革橄榄球，这两种情况对孩子们身心造成的影响有区别吗？当我的学生们点头时，我问他们，是否赞同那种不影响身体健康，每天工作 4 小时外加接受 4 小时义务教育的童工制。我并非旨在使他们转而支持某种形式的童工制，重要的是深入反思童工问题，考虑童工、贫困、为养活家人而挣扎、儿童遭受不同程度剥削等现象的原因。只有这样，对话才有意义。

在企业中，管理者每天都面临两难选择（利益相关者之间、股东利益与客户利益之间、员工利益与客户利益之间）。这些问题的答案几乎不可能是简单明了的"是"或"否"。

如何应对困境

应对这些困境的最佳方法是让所有利益相关者都清楚地认识困境，思考为什么难以抉择，哪些承诺（对客户的承诺、对资本市场的承诺等）相互冲突。

所有各方都应该：

- 了解对方的立场与目标。

- 接受现实和限制条件，分析背景和相关的参与者。

- 愿意讨论各种选择及相应的后果，并为其做好准备。

各方可以共同决定是容忍并接受对方的观点、改变自己的观点、达成协议、权衡利弊，还是干脆辞职或不再购买相关产品。但有必要了解对方持有某种观点的缘由、有什么目标、坚持何种价值观、有什么时间限制等。换句话说，你可能已经猜到了，管理者应该倾听各方的观点。即使不能达成一致，但起码可以学着了解对方的观点。加纳裔美籍哲学家夸梅·阿皮亚（Kwame Appiah）撰写了一部精彩著作，讲述了我们在现代社会日益面临的全球性困境。[7]

休息一下：让别人带头

曾经，我是一名患有"建设性妄想症"⊖的控制狂，总是伺机而动，捕捉微弱的信号，并让员工们做好准备。一年 365 天，一周 7 天，一天 24 小时，无论白天黑夜，不管休假还是工作日，我的智能手机始终开着机。蒂姆·本茨科（Tim Bendzko）有一首非常好听的德语歌曲，名为"我必须迅速拯救世界"，歌词大意如下：

我很想去陪你，但我太忙了。让我们过会儿再谈。他

⊖ 建设性妄想（Constructive Paranoia）是美国国家科学院院士贾雷德·戴蒙德（Jared Diamond）提出的一个概念，是指对生活中通常不会出错之事的恐惧，这种恐惧虽然貌似不理性，但有益于族群的生存。——译者注

们需要我，情况被低估了。或许我们的生活在此一举。我知道你是认真的，你不能没有我，但别担心，我不会离开太久。

我必须迅速拯救世界，然后我就会飞到你身边。我必须查看 148 713 封邮件，谁知道会发生什么，因为事情太多了。让我迅速拯救世界，然后就过去陪你。

我承认，我有时觉得自己就像这首歌的主人公或阿特拉斯[⊖]，肩负整个世界的责任。我向来是一位勇敢的男性，勇于承担义务。当然，我是不可替代的。

由于各种原因，2011 年我决定离开安联集团，并与时任首席执行官达成协议，同意在新首席执行官上任 6 个月后我再离职。首席执行官的交接日期尚不确定，但他当时的合同将在 2014 年年底到期，我有一段时间来处理若干事务，并为离职做好准备。其中一项是为我的岗位寻找几名优秀的继任者。顺便提一下，安联集团正致力于改善工作 - 生活融合，计划推行休假制度（Sabbatical）。先前最高管理层中没人享受过这种休假。

20 多年的长期工作让我感到疲惫和紧张，我需要寻找继任者。没有任何一位高层管理者曾经休假，这是一个有

⊖ 阿特拉斯（Atlas），希腊神话中的人物，在诸神之战中失败后被判永远用双肩支撑天空，俄裔美籍作家安·兰德创作了《阿特拉斯耸耸肩》，成为有史以来最畅销的小说之一。——译者注

趣的巧合。因此，我请求休假并得到批准。我决定每年夏天休假一个月，以这种方式度过在安联集团的剩余时间。这也是检验继任者的好机会。我可以关掉智能手机，看看自己是否真的不可替代。

当然，我绝非不可替代。在我休假期间，继任者的表现非常好。我的老板——当时的首席执行官及其执行委员会的成员可以考验继任者，审视他的工作表现。后台没有操纵他这个"木偶"的人，因为我已经开始享受没有危机电话打扰的假期。你们都知道后面发生的事：世界没有崩溃，地球不需要我来拯救。我可以为自己的岗位确定几位候选人，让他们接受最高管理层的考验。当我离职后，某位优秀的继任者会被选中，而我早已被遗忘。额外的奖励是，我可以度过 4 个美妙的夏天。

偶尔选择放手，你会得到回报。

如何获得和批准休假

你是我在本章开头描述的那种忙忙碌碌的管理者吗？你曾经拥有过休假这个不可能实现的梦想吗？或者想过要去攻读 MBA 学位吗？又或者想通过优秀的商业教练进一步提高你已经非常出色的绩效？你的伴侣曾经要求你休产假或陪产假吗？如果你的回答都是："是的，但我没时间。"那么你需要认真阅读下面的内容。

你当然有时间。不仅如此,你还可以利用这些时间学习、充电、在关键时刻照顾生病的父母或帮助伴侣应对人生挑战,这些不仅对你来说极为重要或有助于你的身心健康,而且这还是给团队成员授权的合适理由。休假是考验团队成员的良机,在此期间,他们能承担你的工作吗?对他们来说,这是一种独特的培训,也是宝贵的成长机会和学习机会。换言之,这可谓一石二鸟:你享受了假期,而团队成员得到了锻炼。同样,产假或陪产假也是一个绝佳机会,既能让你留出时间陪伴家人,又能让团队成员接手你的工作并得到锻炼。当你去享受假期时,大胆让他人来主持并开展工作吧。

如果你这么做了,接下来你需要与团队成员共同制定一份问卷,对这段时间的相关情况进行匿名调查,收集人们对此次领导经历的反馈意见,或者对这段时间和其他时间的领导状况进行 360 度反馈调查[⊖]。

避开猴子

请设想下述情境:你正匆匆忙忙赶去参加一场不能迟到的会议。突然,苏珊拦住了你。昨天你交代给她一项任

⊖ 360 度反馈调查(360-Degree Survey),是一个从多种渠道获取绩效反馈信息的过程,包括上级、下级、同事、自我,甚至有时候会征求客户、供应商、承包商的意见。——译者注

务，让她务必下周完成。该任务并非特别重要，不过是撰写一份无关紧要的报告。她拦住你，向你抱怨这项任务非常复杂，而她手头有许多任务等待完成。你扫了一眼，发现她计算的第一个数字就无法汇总……你对此非常无奈，心想这项任务多么简单啊，你半个小时内就可以完成，而苏珊却担心一周时间都无法完成。你告诉她，你会亲自撰写这份报告。此时，苏珊相当于给了你一只猴子，也就是把更多重担压在了你的肩上。

如果不对员工授权，那么他们就会把自己的任务推给你——你每天都需要处理新的猴子。授权可以让他们自主安排工作时间和议程，评估新获得的自由以更好地为企业服务，制定更恰当的决策，更高效率地倾听和做出回应。因此，授权可以让你避开猴子，减轻工作负担，让员工得以成长和发展。不加分辨地接受猴子会让你过度劳累、身心透支、压力重重，并且加剧人们对你的不满。[8]

优秀企业会让领导者积极授权员工

不同于传达信息或沟通，授权在企业中不能以孤立的方式实行。当然，传达信息和沟通若仅仅由个别领导者实行，效果也会变差，并且对企业利润的影响会最小化。只有在整个企业内全面推行授权，它才会产生重大影响。

为取得应有的效果，授权必须在企业的领导者准则或价值观中得到明确说明。企业必须明确说明，"本企业领导者积极地授权员工，使其承担责任，代表企业采取行动，倾听利益相关者的声音，并把这些意见反馈给最高管理层，从而促进企业的发展"或者诸如此类的其他举措。授权必须被赋予权力。

一旦上述意图得到明确说明，你就可以在年度敬业度调查中询问员工："你的领导者今年有没有积极授权？""企业今年有没有积极授权？"等。配合其他若干相关的问题，你就可以得知企业在实行授权方面的整体情况，并对此进行定期衡量和监测。

可以激励领导者积极授权，但无须……

一旦你运用敬业度调查衡量了在实行授权方面的进展，那么就可以把可变薪酬与敬业度调查结果挂钩，从而激励领导者积极授权。不过，还有一种成本更低的方式。当董事长授权首席执行官，首席执行官授权直接下属时，连续的成功就开启了。对于授权者，授权过程非常刺激、令人激动——人们犹如卸下了肩上的沉重包袱，突然间变得健步如飞。这种感觉比物质激励更令人兴奋，因此你甚至无须用物质激励领导者积极授权。

克服阻力

我们都知道，变革经常遇到阻力。当我们不得不做某些不同寻常之事时，就会遭遇心理障碍。由于无须人们花费精力专门关注，所以习俗、惯例、习以为常的做法是人们为人处世的重要基础。当你推进变革时，某种防卫机制就会被激活。每个经历过变革的组织或团队都不得不承认，变革总会遇到阻力。

首先，相比于承认其存在，如何应对阻力是一个更复杂的问题。阻力可以表现为多种形式，如被动的敷衍、主动的破坏等。其次，阻力会随着时间的推移发生变化，在组织的不同领域或多或少变得更明显。最后，阻力与丧失信任密切相关。赢得信任非常困难，而丧失信任却非常容易。

为了有效应对变革的阻力，领导者需要认真分析，认识到阻力的表现形式与正在推进的变革相关。倾听人们的意见并加以分析有助于把握反对意见，并获得一手信息来解决存在的问题。有些时候，阻力与人们的思想状态相关，如害怕新事物、害怕离开舒适区、害怕观点遭受质疑等；还有些时候，阻力源自现实的原因，如变革会导致工作量加大等；在其他时候，阻力来自组织的特殊情况，如以往的变革、人们感知到的机会与威胁等。此外，领导者的行动能够对阻力产生直接影响。为了应对阻力，倾听型领导者需要从下述五个方面着手：

1. 不断与人们沟通，倾听他们的意见，从而使其更深入地参与变革。

2. 亲自阐述组织的郑重承诺，并成为榜样，以身作则地进行领导。

3. 与同事们共同建立一个领导力联盟，从而在组织内部创建一个高效的领导群体。

4. 以开放的态度看待组织内外部的最佳实践，以便吸取经验教训，加速推进变革。

5. 支持并祝贺员工取得积极的成就，激励他们努力追求成功。

遵循常识

授权员工堪称企业中每位"控制狂"的噩梦，对最高管理层或沟通部门的"控制狂"而言更是如此。授权会给异端行为留下空间，这可能损害企业的声誉。但如果授权遵循常识的指导，那么就不会出现这种情况。常识是所有利益相关者的共同认知，也是"舆论法庭"做出裁决的标准。这是为"控制狂"准备的真正"安全带"：如果你的所作所为符合常识，那么就无惧任何舆论的指责。

遵循常识的一个好方法是置身于能够深刻理解这种智

慧的人们中间。理想情况下，他们是你的配偶、密友或值得信赖的家人，最好拥有与你截然不同的工作，并且不了解你的企业中错综复杂的关系。

我称之为"配偶测试"：在你的配偶对企业一无所知的情况下，他／她会如何看待你做出的决策？

现在差不多是时候开启培养沟通型领导力的旅程了。但在出发前，我们先来看一下千禧世代对权力的看法。现在你已经获得授权棕带，距离赢得倾听型领导者黑带只有一步之遥了。没错，我知道我遗漏了蓝带，但我相信读者中充满善意的柔道爱好者会原谅我。

第 4 章需要记住的要点

1. 达成"失败协议"。

2. 战略与内在动机保持一致。

3. 学会应对困境。

4. 休息一下：让别人带头。

5. 避开猴子。

6. 克服阻力。

7. 导师制是经验丰富的人指导经验欠缺的人或给其提供建议，反之亦可。双方都会从导师制中受益。

8. 做一名教练型领导者，利用教练制提高绩效。

千禧世代对权力的看法

千禧世代已成为劳动力大军的重要构成部分。千禧世代强烈支持授权，认可授权对职场活力和创造力的推动作用。他们对自己的工作方式高度自信，希望有机会根据个人需要开展工作，并相信这会实现最优绩效。承担新职责的前景让他们充满干劲，并尽力给人们留下深刻印象。

为了充分理解这种心态，让我们仔细审视千禧世代正面临的权力问题的各个维度。

结构

千禧世代高度重视自主性与灵活性，但这两者的前提是具备基础性结构。我的意思不是指官僚程序，或每项任务的分步指南。相反，我指的是框架。在工作过程中，千禧世代员工想要了解企业的价值观、总体目标与具体项目目标、利益相关者对项目的期望以及截止日期等。无论他们是否正在制定职业规划，他们都想要了解自己面临的选择。换言之，千禧世代非常重视职业发展前景。

然而，他们主要想在开展工作的方式上表现出个人特色，包括着装、工作日或工作周的安排、学习和工作模式等。不可否认，千禧世代确实有些以自我为中心，但这也意味着他们评估了自身的偏好和才能，在进入职场时清楚自己如何才能最好地开展工作。千禧世代可能不会轻易接受"这就是我们在这里的做事方式"的企业文化，而是会问："我能以自己的方式开展工作吗？"。

身份

身份是一个标签，而千禧世代讨厌标签。许多千禧世代甚至不希望被称为千禧世代。有时，千禧世代可能前一天坚决反对农业工厂化，后一天同网络间谍开展斗争。但千禧世代可能既不是素食主义者，也不是嬉皮士。

千禧世代不属于特定群体，而是认同多个群体的原则和策略，接受身份的流动性。这使得千禧世代能够从不同角度看待问题，并运用不同的知识解决面临的问题。例如，千禧世代往往能够把企业家精神、商业意识与社会问题结合在一起。

集体权力

随着全球互联程度的加深，千禧世代更强烈地认识到各种世界性问题。千禧世代不仅怀有理想或抽象理念，而且具备现实感和强大的社区支持，自认为有资格挑战权威。

当千禧世代对权威的不信任与怀疑，遇上年轻人的理想主义和乐观主义（产生自当今时代的各种可能性），这两方面的碰撞将非常有趣。

千禧世代能够创立企业，并通过社交媒体发表和讨论某些观点，进而引发某些行动。对于当今的集权模式，千禧世代能够提出替代方案。千禧世代持有一种集体权力观念，该观念由全球性联系塑造而成，这是千禧世代认为最合法的权力。尽管前几代人可能认为资历、年龄、经验是合法权力的构成部分，但千禧世代主张任人唯贤和民主。

千禧世代认为，通过相互借鉴、发挥彼此的优势，从不同角度（文化的、教育的、个人的）评估问题，可以创造最优的工作绩效。全球性联系也让千禧世代加深了对文化差异的了解，并有助于他们对此保持宽容和理解。在高度集体主义和明显个人主义的环境下，在更加等级化和更加平等的社会文化中，人们授权利益相关者的方式可能不同。[9]

权力与责任密不可分

由于频繁爆出的丑闻和可怕的滥用职权，现在人们日益关注与权力相伴而来的责任。如上所述，千禧世代敏锐意识到了影响当今和未来世界的各种问题，包括社会问题、环保问题等。让千禧世代难以置信（或许这表明了千禧世代的天真）的是，这些问题未能得到彻底解决。想想看，现在只有 42% 的美国年轻人支持资本主义。[10] 若这种心态得到恰当引导，那么可能会引发一场关于权力结构以及行使权力的革命：探讨在未来世界，谁来决策、如何决策以及决策范围的问题。

The Listening Leader

How to Drive Performance
by Using Communicative
Leadership

第 5 章

行动中的倾听型领导者

- 在实际工作中如何改变你的领导方式。

- 如何运用推进变革的技术来推动事业发展。

- 如何实践沟通型领导力，把成功与个人满足感结合起来，并赢得倾听型领导者黑带。

你就要抵达这场马拉松旅程的终点了。现在必须自问，你是想让这本书发挥应有的作用，帮助你提高领导力，还是想一切照旧。

我已经尝试解释了为什么沟通型领导力对企业非常重要；在当今动荡的经济环境中，在掌握媒体权力的公民、客户、投资者与员工面前，为什么沟通型领导力尤其重要。

第 2～4 章描述了如何赢得利益相关者的信任，与他们建立对话，为调动他们的力量付出必要的努力，充分挖掘他们的优势，对团队成员进行授权并使其承担责任，准备推进变革等。

成为倾听型领导者的七步

千里之行始于足下。践行沟通型领导力并成为倾听型领导者包括如下七步，首先涉及你的意识。

第一步：寻找契机

在某种程度上，你必须踏上成为倾听型领导者的旅程，并分享沟通型领导力的基本理念。那么，最好在什么时候踏上这一旅程呢？我会直截了当地说：现在。但这个答案太简单了，没什么意义。请仔细回想一下，试着确定你决定改变领导风格的时刻。或者现在着手创造一种新的领导风格。

请回想自己的亲身经历：你在哪里获得过出色的客户服务？你在哪里买到过劣质产品？你上次对一家企业不满意是在什么时候？为什么对其不满意？把这些作为你开始自我改变的起点。事情会越来越错综复杂，这种思考有助于你不忘初衷，也就是契机。最好时常提醒自己别忘记自我改变的起点。

一位睿智的老人促使我转变

又来了一位顾问。我总是害怕有人向我们公司出售咨询服务。我喜欢在预算的约束下工作，因为这可以锻炼员工的技能。我的外部预算往往非常紧张，我经常庆幸能够自我约束，因为这让我最终能够对某项提议说："不，这不在预算内"。但这位顾问不同，他是海因茨·戈德曼（Heinz Goldmann），我非常感激他。他的水平堪称一流，帮助我认识到了 EMMA 的重要性，这个缩写我最早就是从他那里听来的。他还让我认识到良好的倾听非常重要。20 世纪 90 年代末，我的工作正面临一项非常艰巨的挑战。我到公司位于慕尼黑的主楼门口迎接他，在走向办公室的短短几步路中，这位身材矮小但非常健康的老人（他当时已经 80 岁高龄）默默地走在我身旁。我客套了几句，匆匆赶往办公室。他突然停了下来，我也不得不停下，疑惑地看着他。他说："埃米利奥，你压力太大了，就像一支两头都在燃烧的蜡烛。如果你想健康地活到我现在的年龄，那么最好慢下来。"他的话令我感到意外，我很困惑，于是结结巴巴地问："你怎么知道的？"他说："通过观察你走路的姿势。我没有听你说什么，而是只关注你的步伐、后背和肩膀。我看到了沉重的负担。"这位老人倾听了，但不是倾听我说的话，而是倾听我的肢体语言。我问他，这种倾听的技能我是否能够学会。他说："当然可以。"这就是我在还不了解倾听型领导者是怎样的时候重新塑造自己的管理者身份，并努力成为一名领导者的契机。

第二步：提高自我意识，进行自我评估

你需要做的第一件事就是认清现状，分析自己的优势、动机、才能和天职。在第 3 章末尾，我已经介绍了识别偏好与优势的常见工具。

可以从你感到最舒服的测试开始踏上这段旅程。理想情况是，你可以和他人讨论你的偏好与优势，并征求他们对你的测试结果的意见，以便你对自己形成新的认识。如果你的企业有360度反馈调查工具，那就试试吧。试着尽可能充分地了解自己。这听起来像是悖论，但你可以了解到自己许多令人惊讶的特点。

关于自我赋能，请记住以下建议：

- 认识自己和环境。

- 了解自己的优势和劣势。

- 保持警惕。

- 聚焦并沉着处事。

认识自己，包括自己的风格、优势以及对他人的影响。

本书的主题是沟通型领导力，这个词本身可能让人们望而却步。显然，人们对沟通存在很大的误解，往往认为沟通就是说话、表达、讲述、吸引人、令人信服，或者使用一个动词来概括：推动。

但这些都不是沟通，不说话照样可以沟通。没错，正如保罗·瓦兹拉威克（Paul Watzlawick）所言，沉默并非不能沟通[1]沟通有多种不同的风格。关键是要认识到，沟通技能并不仅仅适用于外向的人，每个人的沟通方式都不一样，内向的人也可以采用特定的方式沟通。

找到适合自己的沟通方式即可。没有绝对正确的方式，但务必不要逃避暖沟通，在不超过 12 位参与者的信任氛围中进行沟通，适当的时候可以利用"镜子"来反思。

征求同事、老板和团队成员的反馈意见，不要害怕进行 360 度反馈调查。

非常重要的是，运用 MBTI 和第 3 章中提到的其他测试工具。对那些准备走上管理岗位的员工，我会要求他们必须先接受管理岗位的培训。

请注意你的用语。知道一些其他领域的术语并在沟通中使用会让对话者感到轻松，但不要冒险使用自己不熟悉的术语进行复杂的沟通。如果你没有掌握在企业中的主要语言，那么你接下来要么深入学习，要么诚实面对并与老板讨论这个障碍对你的成功会产生什么影响。与其造成可能产生伤害的误解，不如坦然面对。

警惕"真诚陷阱"。每个人都会同意，在管理工作中真诚是一种积极的价值观。但我经常看到真诚被当作即兴沟通的借口，而不去准备充分地与利益相关者沟通。培训是最重要的。最真诚的管理者受过培训，非常专业，同时也诚实地面对自己。

清楚自己能做什么、不能做什么

　　我曾经陷入一种窘境。一天，在曼哈顿的一家酒店与记者共进早餐时，我的手机响了。首席执行官办公室打电话通知我，我有幸成为我所在的德国保险公司的美国分公司的实权人物，从而有资格代替老板参加（他因故不能参加）在美国最著名的一所商学院举行的招聘活动。在电话中，首席执行官办公室要求我打包行李，飞到活动地点，介绍我们公司，并务必塑造公司的良好形象。我们希望吸引那些 MBA 毕业生加入公司。我没有准备演讲稿就匆忙登上了飞机，真希望飞机被一支雷鬼[○]乐队劫持到加勒比海去。我的登台时间被安排在最后，排在我前面的是最负盛名的投资银行的首席执行官和最著名的战略咨询公司的首席执行官，他们都满怀激情，赢得了礼堂中所有年轻学生的关注。对于演讲内容，我有些踌躇不定。我迅速进行了粗略的自我评估：这项任务失败的概率非常高。我必须找到办法，既不能隐瞒我缺乏当时情境所需的能力，又要代表我们公司并实现演讲目标——把这所商学院的最优秀学生吸引到一家德国保险公司。我没有过于担忧，在深呼吸后，我勇敢地对自己说："我是沟通官，不是首席执行官，听众知道，我也知道。我做好自己，发挥出自己的专业水平就可以了。"

　　○　雷鬼（Reggae），20 世纪 60 年代末起源于牙买加的一种音乐流派。——译者注

登台后，我问台下的学生们是否可以跟我分享一个故事，这个故事既可以仅仅涉及个人，也可以具有社会意义。很快，第一排一位有点自以为是的学生举起手，以一种略带愠怒的口气问道："这是一个典型的欧洲式问题。你到底是什么意思？"于是我给他们讲了一个小故事。我父亲（个人）刚刚被诊断出患有阿尔茨海默病（社会）。当时我住在慕尼黑，一位哥哥在哈瓦那，另一位哥哥在莱比锡，姐妹们住在罗马，而我父亲和母亲住在米兰。我们兄弟姐妹中谁来照顾父亲，并对母亲伸出援手呢？接着，坐在后排的一位女生举起手，说她四岁时在一场车祸中失去了双亲，由祖父母带大。祖父母住在美国中西部的一个小镇上，距离她的工作地点非常遥远。她觉得，老年人的护理问题和财务状况是必须面对的挑战，现在是她回报祖父母的时候了。下一位举手的学生说，他的父母刚刚在佛罗里达的飓风中失去了家园。然后我终止了这次小小的倾听实践——这些例子好得令人难以置信。我说："女士们、先生们，如果你们被投资银行的巨额红利吸引，我能理解。如果你们渴望那些，请自便，那就是你们的方向。如果你们想通过影响多家大型企业的战略来支配企业界，那就跟随自己的直觉，加入战略顾问的行列。我们公司为刚才那位女生和男生面临的难题提供解决方案：老年保障和对自然灾害的财务保障。如果你们想要做一些对个人和社会都有意义的事情，那就加入我们吧。"我不确定是否能够吸引那些聪明的年轻人，但我已经尽力了，既保持了真诚，又发挥了自己的优势——沟通。

第三步：认清自己所处的环境，做出成为倾听型领导者所需的变革

如果你作为一名倾听型领导者开展工作，那么你的所作所为将开启一个变革阶段。充分认清你自己所处的环境至关重要。你必须处理若干相关的问题：在安全和变革之间保持平衡，检查组织为推进文化变革所做的准备工作，从四种不同的变革策略中挑选一种符合组织状况的策略，确保组织内所有员工及外部相关者保持一致。

在安全和变革之间保持平衡

"为了保持健康，身体和大脑中的每个系统都必须在两种相互冲突的需求间保持平衡。一方面，每个系统必须对输入保持开放，与所处的环境进行交换；封闭系统是死系统。另一方面，每个系统必须保持基本稳定，围绕一个适当的中心点，且保持在一定的范围内——既不太热，又不太冷。"[2]

利益相关者的持续反馈是让组织变革达到更高水平的

推进因素。我们知道，每个人都有一项尚未得到开发的巨大资产，那就是大脑。大脑是可塑的，甚至可以适应最令人痛苦的变化。大脑的处理能力仅仅得到了初步利用。不用担心需要考虑的事情太多：清单、黄金法则、幻灯片演示等，它们都是为了帮助你、启发你的想法。不能单凭记忆解决问题。

重要的是用两条腿走路：

- 价值观、战略框架、关键绩效指标保持稳定。

- 敏锐、深入地倾听利益相关者的意见，并将其转变为企业的战略和你的职责。

为了应对变革，敏捷地学习和适应，我们需要一个非常稳定的框架。我们既需要变革，又需要安全。

在变革时期，哪些领域应该保持稳定？

- **战略**。我们知道，战略本身兼具稳定性（管理层或领导者的愿景与使命）和灵活性（环境与市场）。尽管战略会不断进行调整，但在安全方面，战略不仅需要稳定，还需要清晰。首席执行官在自己的任期内必须有一项清晰的战略。

- **愿景、使命、目的**。这些基本战略框架也必须保持稳定，需要花费数年时间激发利益相关者的热情并鼓励他们参与。

- **价值观**。优秀企业的价值观并非凭空想象出来的。在理想情况下，企业价值观是一系列复杂互动的结果，包括自下至上（从员工到首席执行官）、自上至下（从首席执行官到员工），从左至右、从右至左，也就是与各类利益相关者的相互交流。

为了留住利益相关者，企业必须保持一定的稳定性，明白这一点之后，接下来我们简单了解一下永远不会达到稳定状态（至少在当前的经济条件下）的领域：产品、流程、服务、信息技术与运营、销售、工作与合作文化。

无须感到眼花缭乱。没错，所有上述领域的变化都错综复杂。并不存在一个预先确定的应对方案，可以让你在变化的环境中成为一名优秀领导者。你的感官需要保持敏锐，这是沟通型领导力的要点，以此为你的员工、内外部客户、投资者以及整个社会建立感知系统。通过嗅觉、触觉、味觉、视觉、听觉来感知社会变化，保持好奇心，以开放的心态接受变化，同时立足于企业愿景和价值观的坚实基础。遵循常识，你将掌握一把打开所有大门的钥匙，在你让利益相关者参与时尤其如此。倾听型领导者可以利用多种资源。

检查组织为推进文化变革所做的准备工作

为推进文化变革，你的团队或组织准备好了吗？变革的准备工作具体包括四个方面：倾向、动机、机会与批评。

此外，你还需要探索两个领域：任何变革都会遇到的普遍情境，以及你想推进的变革所处的特殊情况。

- **任何变革都会遇到的普遍情境包括**：现有文化与亚文化；组织的历史；团队的沟通方式；管理层与员工的关系；领导风格；员工对组织的主人翁精神和敬业度；现有价值观（正在坚守的价值观和期望的价值观）；对变革的看法和对战略规划的评价；员工的认知。

- **你想推进的变革所处的特殊情况包括**：组织中不同部门之间的关系（总部与分公司及分支机构、控股公司与其他集团公司、办公室与网络等）；对挑战的看法（例如，不采取措施会造成什么后果）；对组织和利益相关者的看法（例如，当地组织的角色、组织关系、社会关系等）；当前变革的国际维度、当地维度以及涉及的关系。

从四种不同的变革策略中挑选一种符合组织状况的策略

我们可以根据环境和意愿调整采用的变革策略。下述每种策略都具有独特的含义，因此对应一种员工参与方式：

- **"爆炸性"变革策略。** 从活动计划的数量与可见性角度来看，这是一种爆炸性策略。这意味着在环境发生意外变化后，立刻重新考虑变革策略。

- **"进化性"变革策略。** 从循序渐进的活动计划角度来看，这是一种进化性策略，重视相关人员的适应能力。

- **"病毒性"变革策略。** 这是一种旨在尽可能满足更多人动机的策略。只有在大量推动者参与变革时才有可能采用该策略。

- **"变质性"变革策略。** 这是一种旨在彻底改变现状的策略，会以一个新的开端（化蛹成蝶）作为结束。

确保组织内所有员工及外部相关者保持一致

确保每个人都在一条船上，包括团队成员、同事及其他利益相关者等。行为的一致性非常重要，一旦轨道设计好了，每个人都需要各就各位。要做到这一点，你应该重视第四步。

第四步：开展 EMMA 工作

在本书的引言部分，我已经简要解释了 EMMA 的含义。你应该经常使用 EMMA，这个简单工具大大有助于改善个人之间、企业之间的沟通。

根据 EMMA 的含义，在每次开展重要的互动前，你都应该尝试分析受众。

- E 代表对利益相关者的同理心或利益相关者的期望。他们的感受如何？他们的立场是什么？他们对你有什么期望？你需要设身处地为他们着想。

- 第一个 M 代表利益相关者的动机。什么驱动着他们的行为？他们的想法是什么？他们想要学习吗？他们关心什么？他们想要获益吗？

- 第二个 M 代表心态。利益相关者怎么想？对构建积极的利益相关者关系而言，年龄、性别、文化背景、宗教、性取向以及许多其他因素都非常重要。

- A 代表分析。在进行对话前，一定要分析受众。

做显而易见的事：询问

在我们的企业大学中，为了培养经理们有效的沟通能力，我要求他们进行角色扮演。一个典型情境是员工大会，会上有两个不同的群体扮演高层管理团队，必须主持员工大会并宣布重组计划，而第三个群体扮演员工受众。他们都有一个小时的准备时间，我向两个不同的"管理团队"群体和剩下的"员工"群体介绍了相关情况。员工们被简要告知该如何观察管理团队，投票选出两个团队中表现较好的那一个，并在反馈环节为自己的投票做出解释。管理团队也非常清楚，他们的表现由受众中的同事们评估。他们都了解我在前面讲述的EMMA。我记不清自己曾经多少次组织这种角色扮演了。在员工大会前的准备时间里，几乎每个团队都试图分析"员工"受众的期望、心态与动机。然而，这么多年来仅有一次，一个"管理团队"真正做了一件简单的事：走出办公室，到"员工"所在的房间，询问："你们有什么想法？你们的关切是什么？你们对此次临时召开的员工大会有什么期望？"。不用说，这个管理团队在员工大会上的表现非常出色。该团队的一名成员——加里·博杰瓦尼（Gary Bhojwani）后来担任了一家重要的旗舰公司的首席执行官，并最终成为执行董事会成员。多数时候，成功恰恰就是这么简单：只需询问。在召开重要会议之前，你可以询问团队中的一两位成员。他们会很乐意为你提供信息，这有助于召开一场更成功的会议，向投资者进行一次更精彩的宣讲，或举办一场更完善的活动。

第五步：起草行动计划纲要

根据个人角色和组织目标，起草一份行动计划纲要。不要事无巨细，要保持灵活性。这只是一份纲要。但重要

的是该纲要应符合企业战略与价值观。你必须时刻遵循该
计划纲要，据此提醒自己和团队成员关注衡量成败的简单
绩效指标。这样他们就可以倾听并传达信息了。

在你的行程表中，每季度都抽出几个小时，拿出行动
计划纲要自问：在过去的三个月中，我听到的什么信息可能
会导致该纲要做出调整？哪些调整需要向老板汇报？

务必把利益相关者的意见、抱怨与改进建议传达给可
能受益的人，并把这作为一条纪律，务必定期整理不同利
益相关者的意见，并汇报给老板。倾听不是一门艺术，而
是一条纪律。

首席执行官的"战场"

迈克尔刚刚被任命为首席执行官。他腋下夹着一卷
文件走进我的办公室，说道："咱们讨论一下我的战略。"
我们已经认识 10 年了，我知道他向来思维清晰，但没想
到如此清晰。那卷文件是一大堆 A3 纸，上面罗列了企业
遇到的问题。他称之为他的"战场"。这种做法可能源自
拿破仑，如今已经扩展到全世界。这犹如一个真正的战
场。迈克尔笑着说："我的办公室主任对此贡献颇多……"
这是一份完美的纲要，但不是计划。为了将其转变为企
业战略，需要征求利益相关者的意见。纲要是一个非常
好的起点，它立足于相关的意见，因此有必要与那些对
企业前途有影响的人讨论，在企业遭遇困境时更应如此。

> 是时候与利益相关者共同检查计划纲要了，也是时候倾
> 听了。

第六步：利益相关者网格

开启这段旅程时，你有一个绝佳机会从一开始就迈出正确的步伐。草拟出一份计划纲要后，在着手新工作前先审视一下利益相关者的期望。你可以找一张纸，在左边列出所有利益相关者，包括老板、董事长、投资者、卖方分析师、记者、员工、客户、分销商、监管者、政治人物、非政府组织代表、管理人员等。在右边列出若干基本问题：迄今为止你认为我在哪些方面表现较好？需要做出哪些变革？需要紧急处理什么事项？实现卓越绩效的主要障碍是什么？你对我的领导力有什么期望？我应该避免的最主要错误是什么？（参见表 5-1 和表 5-2 的两个例子。）

这之后，你需要与所有利益相关者（包括老板）开会讨论。你甚至可以在新工作开始前就着手。上任后的 100 天内，你应该亲自会见所有你确定下来的利益相关者。

通过这些安排，你需要做到以下几点。

1. 了解利益相关者的 EMMA。

2. 熟悉利益相关者。

表 5-1　埃米利奥直线管理者网格（示例）

利益相关者	问题					
	为支持这项策略，我们可以做得更好吗	你对我和我的团队有什么期望	我们如何才能帮助你成功	团队有哪些需要改进之处	若让你根据 0 ~ 10 分的标准给我们的工作打分，我们会得多少分	要获得 10 分，我们需要做什么
老板						
同事						
客户 • 内部 • 外部						
供应商						
关于下述方面的企业传讯： • 媒体 • 政府机构与非政府组织 • 战略 • 博客空间 / 社交媒体						
人力资源： • 开发 / 培训 • 工作灵活性						
选取： • 客户 • 抱怨						
投资者关系： • 投资者						
合规性						
千禧世代						
资深人士						

表 5-2 埃米利奥首席执行官网格（示例）

利益相关者	问题					
	我应该坚持什么	我应该改变什么	成功的主要障碍	有待更充分挖掘的潜力	若让你根据0～10分的标准给我们的工作打分，我们能得多少分	要获得10分，我们需要做什么
董事长						
最高管理层成员						
普通员工						
实习生／千禧世代						
卖方分析师						
记者						
监管者						
政府						
反对派						
相关的非政府组织						
相关的博客						
周边企业（制造业中）						
销售人员						
经销伙伴						
消费者协会						

3. 因为你第一次与利益相关者接触不是为了向其下达命令，而是为了询问适当的问题，所以你的自我定位应该是一名倾听型领导者。

4. 让利益相关者迅速了解你。

5. 根据利益相关者的意见调整并改进你的策略。通过公布行动计划纲要（参见第五步），采纳利益相关者的意见，你可以确定计划纲要是保持不变还是必须做出调整。

运用这种网格的最后一个好处是：你可以赢得时间。

通常会发生什么呢？

新任管理者往往会等到对拟采取的措施有想法后才与利益相关者见面。由于确定采取什么措施总需要一段时间，因此你不想提前太长时间与利益相关者商讨拟采取的行动计划。但当你开展各项工作时，随着时间的流逝，利益相关者会认为他被你忽视了："他上任已经六周了，还没来见我！"如果你在上任后很快与利益相关者见面，就可以迅速建立联系（"某天他在办公室召开了一场会议，有两名最重要的客户参加，此人真不错！"），并且你无须做出任何承诺，因为你刚刚上任。或许这对你来说为时尚早，不宜发表言论，但倾听他人的想法从来不会太早。下面就准备进入行动阶段吧。

第七步：行动

如果你切实进行沟通，那么就能够尝试、失败，然后迅速矫正。因此，现在就行动起来吧！在推进变革的过程中，人们可能犯的最大错误是企图确保安全，并弄清楚在

225

"新世界"中事物发展的确切方式。在行动前，你可能会想要提前 100% 确定能否取得预期成果。旅途漫漫，你会犯各种错误，这很正常。但如果你能够真正地与利益相关者沟通，那么就可以收到他们发出的警告信号，从而避免多数错误。既然旅途漫漫，那么你最好立刻出发。

当踏上旅途时，你将开启一场变革，这会涉及你本人、你的团队以及所有利益相关者。多年来变革管理领域的良好实践已经教会我们如何处理旅途中的问题。作为变革管理企业 Methodos 公司的董事长，我掌握一个巨大的宝库，蕴含着 40 年经验的结晶。这甚至超出了一本书的体量，因此我在此处不展开详细论述。

我们公司将其概括为下述十条规则，具体包括"五要、五不要"。

当今推进变革的"五要"

1. 要与最高管理层分享变革的愿景（例如，成为一家数字化企业），并将其传达给整个团队和组织。

2. 要言出必行：从一开始就让所有领导者参与，使其能够在变革过程中发挥指导作用。

3. 要让所有人参与变革：实现愿景有赖于所有组织成员共同努力。如果组织各层级的文化和行为不能保持一致，那么变革就难以推进。

4. **要从社交媒体的角度考虑所有利益相关者**：拟定一项管理利益相关者的策略，把企业内外部的所有利益相关者都纳入其中。

5. **要开发一个变革仪表盘**来监测并引领变革；仪表盘上记录的超前和滞后的关键绩效指标是用来表明为不同利益相关者创造的价值，进而根据取得的成果调整变革举措的。

变革常常遇到阻力，这很正常。并非人人都拥护变革，对许多人而言，变革与安全之间的权衡可能会带来不利后果。在变革过程中，人们丧失了太多稳定性，需要决定继续适应变革还是另谋出路。

在变革过程中，人们往往会不断犯各种错误，结果导致变革进程受阻。因此，你应遵从下面的"五不要"，尽量避免犯错。

当今推进变革的"五不要"

1. **不要保持旧习惯和旧行为**：变革的阻力可以被识别，并得到管控。找出妨碍变革的阻力，试着去理解，但也要迅速采取行动去消除妨碍变革的旧习惯和旧行为。旧习惯和旧行为不仅浪费时间，而且会导致人们对变革持怀疑态度，让人们不再支持变革计划（"什么都没有发生，根本就没有变革"）。

2. **不要只关注数字和技术需求**：整个世界都在发生变化，团队必须不断发展，从而引领而不是追随变革。变革涵盖了生活的方方面面，技术影响着社会习惯和劳工关系。除智能手机和社交媒体外，人口变化、医疗保健、预期寿命、世代之间的不同思维模式以及总体的多样性都会对变革产生影响，需要被纳入考虑范围。

3. **不要持有"人人都应改变，除了我"的态度**：在采取新行为方面，不允许有任何例外。变革始于自己，你应始终如一，永远以身作则。如果你能够以身作则，那么推进变革就会容易得多——如果领导者始终如一，那么其他人就没理由推三阻四了。

4. **不要忽视人的因素**：文化是推进变革的基本要素，也是变革取得成功的关键。简单的接触不能取代人际关系和深度参与。信任是变革过程得以推进的润滑剂，而信任不能由算法创造。

5. **不要宣传已完成变革**：变革不是一件事，而是一段旅程。改变企业内外部人员的思维和行为是一项艰巨任务。持续的支持对于确保有效推进变革至关重要。因此，永远不要承诺"鱼米之乡"，这可能会实现，但旅程不会在此结束，它一定会有下一个目的地，而那里很可能是一片荒漠。

失败是成功之母

我那现在已退休的姐夫安德烈奥托拉向来持一种随遇而安的工作态度。他总是说："失败是成功之母。"起初我不理解这句话，于是试图搞明白是什么意思，从而检验其正确性。

请设想下述情境：在企业削减成本的时期，你想要增加部门预算。你知道永远不可能实现，上司会说"不行"，因此最好干脆一开始就不要提出请求。但这就错了。你要向上司提出请求，并解释此举为什么有利于企业。倾听上司对此举行不通的解释，之后向上司承认这确实"不行"，接受失败，然后继续工作。

下次你提出请求时，无须事先进行自我审查。若再次得到明确的"不行"，那就承认再次遭遇了失败。

如果你的绩效突出，再一次提出某项有商业意义的请求时，上司就会很犹豫，很可能他第三次的回答是"可以"，你明白，先前的两次失败给你带来了这次胜利。该项决策可能比增加预算重要得多。

如果你因为自我审查感觉不可能实现而没有提出前两次请求，那么你每次想要有所进展时都会处于起点。

在培养沟通型领导力的漫长旅程中，你可能遭遇各种障碍。即使遭遇挫折也不要失去耐心，倾听型领导者必须有韧性。遭遇失败是胜过他人的一种优势。请不要忘记爱迪生的话，在作为发明家的职业生涯中，他曾经遭遇过无数次挫折，对此爱迪生说："我没有失败，我只不过找到了一万种行不通的方法。"最终，爱迪生获得了超过 1000 项发明专利，是迄今最多产的发明家。

因此，要积极主动地寻找战场上的突破点。要勇敢，敢于输掉某些战役，从而赢得整场战争，激发利益相关者的热情。

行动中的领导者需要能量，能量要从何处获取

《思考之时》（*Time to Think*）中写道：企业中到处都是《爱丽丝梦游仙境》[⊖]中的兔子，它们手持怀表跑来跑去。人们经常听到的一句话是："要是有时间思考就好了，我正忙着把事情做完……"我恰恰如此，并且犯这种错误的次数比我愿意承认的次数还要多。

花时间思考，相当于节省了处理危机的时间。把时间用于打造合适的战略，该战略具备明确的、可理解的关键绩效指标，以及可实现的、不断更新的目标；把时间用于建

⊖ 《爱丽丝梦游仙境》（*Alice in Wonderland*），英国作家查尔斯·道奇森出版的儿童文学作品，1865 年首次出版，此处提到的兔子出现在多个章节。——译者注

立品牌声誉，并落实到企业价值观和期望的行为上，在此
过程中，你的收获会更多。

对在倾听型企业中得到授权的员工而言，合理的、深
思熟虑的战略框架能够使他们像企业家那样行事，否则就
会造成混乱。如果他们具备明确的战略框架，但既不了解
形势，也不听取利益相关者的意见，那么就无法掌握高效
工作所需的技能和知识，也没有权力影响企业的命运，并
且企业将失去经营许可。（关于如何营造良好的思考环境，
请参阅南希·克莱恩（Nancy Kline）的《思考之时》。）

切实思考

朋友克劳迪娅·丹瑟曾在迈勒–坎贝尔商业培训项目
中担任我的导师，她是教练领域冉冉兴起的一颗新星——
她认识到了南希·克莱恩上述观点的力量以及花时间思考
的重要性，并担任下文中德莫特（Dermot）的教练。

> 德莫特是王子信托基金会⊖的一名董事，可谓才华横
> 溢、魅力超凡，而且工作特别勤奋。在接受我对他的教
> 练期间，德莫特想要了解其他人对他的看法，以及如何

⊖ 王子信托基金会（The Prince's Trust），一家英国的慈善基金会，1976
年由查尔斯王子创立，旨在帮助受挫的年轻人走出困境。——译者注

成为更优秀的领导者。我为他整理的360度反馈调查结果印证了他的怀疑——他确实需要更多地倾听，给团队成员更多空间和时间，从而发挥并充分满足其动机。事实证明，德莫特现在的做法可能妨碍了他在组织内的晋升。如果能够更多地授权团队成员，那么他本人也会受益于更少的工作量——由于几乎在所有事情上都亲力亲为，德莫特感到疲惫不堪。受此启发，德莫特决定切实授权团队成员。他采取的方法是举办一场活动，邀请团队成员用一个下午与他共同思考如何最好地执行组织的成长计划。此前，他几乎都是独自思考，但现在他认识到，富有成效的主意也可能来自普通员工，因为他们能更密切地接触该基金会旨在帮助的年轻人。通过使用南希·克莱恩在《思考之时》中提到的关注、倾听与提问等技巧，德莫特主持了此次活动。他没有采用通常的领导"传达"模式，而是注重倾听。团队成员分享了许多他们自己的想法，而德莫特做的只是认真倾听，不打断他们。活动的一个收获是，到会议结束时，团队成员提出了大量巧妙的、重要的新主意，这些主意最终被转化为该地区新业务计划的主要目标。另一个收获是，德莫特主管的团队成员变得更加投入、更有动力、更积极参与。通过授权团队成员，德莫特不仅获得了卓越的成果，而且获悉了利益相关者的深刻见解，这些利益相关者不仅包括他所在部门中很有前途的明星类成员（因此他可以制订出更完善的继任计划），而且包括王子信托基金会帮助的年轻人。由于这次活动取得了成功，德莫特之后又多次组织此类活动，并继续授权团队成员，安排他们用一天时间讨论各种想法，并直接与基金会的首席执行官和其他高管接触，从而使整个组织受益匪浅。

你需要兼顾合理的战略框架以及遵循该框架的倾听型组织。

首席执行官的职责是推进变革，但作为一名直线管理者，你需要对组织的前途承担共同责任，并且你可以提高自己的绩效，帮助团队获得经营许可。因此，你应该抽出部分时间从事这项工作。

向所有人公开。推进变革的关键在于向所有利益相关者公开变革议程。阐明倾听有助于实现卓越绩效的原因，并阐明这有助于增强利益相关者的主人翁意识，帮助打造一家更健康的企业。提供优质产品的企业会让客户兴奋，并由此开启一个良性的利润增长循环：热心的客户向他人推荐该企业，这将使企业实现利润增长并吸引投资者，而更强大的企业可以雇用并培养最优秀的人才，满足他们的动机（源自授权），从而使他们为企业和客户做出更大的贡献（包括身处前台的女士，即第一印象总监）。

这些利益相关者将支持企业，授予企业经营许可，使其成为得到认可的企业公民。

开发一个变革仪表盘。踏上该旅程的每位领导者和每家企业都应该充分了解自身变革的起点位于何处。员工的敬业度如何？客户的推荐意愿有多强烈（净推荐值）？企业的财务状况如何？可持续性指数[⊖]得分是多少？

变革仪表盘应该定期更新，但无须事无巨细。每类利益相关者有一个相关的关键绩效指标就足以提供合适的战略框架，该框架可以涵盖企业的行动，并根据不断变化的环境、市场与行情调整。我曾经遇到过许多企业，它们受到了过多关键绩效指标的妨碍，这些指标有时明显是相互冲突的。

庆祝的时刻

我不会为过去的失败而懊悔。在这一点上，我必须承认自己曾经犯过一个错误，这个错误非常重要，有必要专门提一下。

我在慕尼黑的部门连续两年提交了近乎完美的敬业度调查报告，其中仅有一处令人不安。在报告中，关于"你庆祝过自己的成功吗？"员工连续两年给领导层打了非常低的分数。这涉及我所在部门的整个管理团队，但谁在领导该团队呢？是我。因此，这是他们给我传达的

⊖ 可持续性指数（Sustainability Indices），一种股市指数，可用来评估企业在可持续性方面的绩效。——译者注

信息。

　　起初这个问题令我愤怒。团队到底旨在完成某项工作、实现目标、履行应有的职责，还是开设派对？"庆祝"的意思是什么？一些虚伪的活动，一场圣诞派对，相互拍拍后背，并且小心翼翼地不让香槟洒到对方身上？天哪，经历了几次类似事情之后我才明白，自己的想法大错特错了。团队成员不是想组织鸡尾酒会。他们甚至认为没必要组织任何活动。他们想要的是赞誉。他们想要暂时停顿下来，专注于项目取得的卓越成果，认可大家的共同努力和个人贡献，仅此而已。但由于我没能领会第一次信息，所以在第二年的敬业度调查报告中，他们向我传达了更强烈的信息。我终于明白了。由于没有充分赞美团队及成员的贡献，没有花时间专门做这方面的工作，从而满足其动机进而提高绩效，我浪费了大量时间。

屏住呼吸，品味此刻

　　关于赞誉，关键在于要有意识和品味特定时刻的能力。

　　神经科学家理查德·汉森（Richard Hanson）为个人提出了两点建议，这两点建议也适合倾听型领导者，摘录如下：

1. 把好事转变为积极的体验。好事不断在身边发生，但大部分时间我们对此熟视无睹；即使我们注意到了，也几乎对此无感……无论你注意到什么好事，都要用心去体验——敞开心扉，用心感受。这如同坐在宴席边上：不要只是看着，动手吃吧！

2. 品味自身的体验……在完成一个高难度项目后，你可以通过思考必须克服的挑战来增加满足感。[3]

因此，"庆祝"不一定意味着要在办公室中开派对。只要认识到你自己和团队付出的努力以及取得的成就即可。表达赞誉，和团队成员站在一起，品味特定的时刻。具体形式可以是普通的团队会议，也可以是为此专门召开的一次会议。

没错，人们开展工作都会获得薪资，但薪资并未涵盖取得成功需要付出的精力、热情、自我激励与团队精神。尊重这些，你就会得到人们的尊重。

关于压力和工作－生活融合

"糟糕的精神状态包括心情沉重、情绪低落、注意力分散、人际关系紧张、焦虑、悲伤、愤怒等。"[4]这些都是压力造成的后果。

这些也可能是尚未成为倾听型领导者之人与真正的倾听型领导者之间的区别。

注意力分散、睡眠不佳、总是感觉时间不够用，这些都是现代管理者在压力下的典型症状。在本书的引言部分，我指出沟通型领导力有助于你预见新发展并制定议程，而不是被其塑造。

在以 24/7/365 持续在线模式为特征的时代，你尤其需要赶在新发展之前制定议程，因为人人都有手机，能随时随地看到全球正在发生什么，利益相关者也不例外。

矛盾的是，你不能通过加快自己的生活节奏来面对各种事件，而只能通过定期暂停做到。

请不要说："哦，这关乎工作－生活平衡！"事实并非如此。实际上，这种说法本身就有误导性。为什么要把工作与生活对立起来？工作难道不是生活的一部分吗？

我相信，要想过一种平衡的生活，你需要通过热爱自己所做之事来谋生。若你并非如此，那就为改变做好准备吧，请阅读伊瓦拉（Ibarra）鼓舞人心的著作《转行》（*Working Identity*）[5]，这有助于重塑你的职业生涯。

不妨花点时间思考千禧世代对工作－生活融合的看法，你可能会受到启发。

千禧世代对工作－生活融合的看法：不必大惊小怪

现如今，工作压力过大被视为 21 世纪人们最大的健康问题之一，会对个人造成毁灭性影响。如果血压和肾上腺水平长时间过高，可能会引发心脏疾病和其他相关疾病。从心理上来讲，压力过大会导致情绪性疲惫甚至精疲力竭，工作成效也会下降。

为避免这些后果，从工作中抽出时间适当休息非常重要。适当的休息、充足的睡眠、体育锻炼、享受周末和休假都大大有助于工作之余的身心恢复。

这就是为什么我严重怀疑硅谷许多企业（但不限于此）当前流行的"工作就是你的家"模式。尽管在工作时间玩游戏、修理发型、午睡听起来非常好，但让我感到不安的是，员工正被引诱着 24 小时投入工作。这听起来非常耳熟，朋友们告诉我，某些大型律所和金融企业已经为那些可能需要熬夜完成项目的员工配备了床铺。这样做的回报通常是丰厚的薪资、良好的职业发展与他们在企业的声望，这些都是对员工的诱惑，但这值得吗？一个世纪前，妇女尚未获得投票权，且社会中仍存在奴隶制，奴隶不得不让主人控制其工作时间和生活的其他方面，从而获得住房和食物。我们可以从批判的视角看待这种不太恰当的比较，并承认历史和文化背景存在差异，但这种比较是否仍有一定的合理性呢？我们应该把生活的控制权交给企业吗？我认为应该加以反思，当我们被眼前晃来晃去的诱惑蒙蔽了双眼时，我们实际上丧失了什么。

除了工作与生活适度分离外，个人幸福最重要的决定因素之一是工作与个人的信念、需求、热情、才能等方面的匹配度。

对工作－生活平衡的最大误解（也是用"工作－生活融合"替代的原因）是两者应该彻底分离，人们可以从事自己讨厌的工作，以便赚取金钱投入真正的爱好。从事自己讨厌的工作会让员工心情不快，工作时间占了人们醒着的时间中最大的一部分，因此也会对非工作时间的心情产生负面影响。这会妨碍工作成效、创造力与职业发展，进而对员工、团队、工作氛围与企业造成负面影响。

为了促进员工成长，必须使工作与兴趣、目标、优势相匹配。

相比于先前世代，千禧世代更希望从事符合自己价值理念的工作。面对众多选择，我们不愿接受自己不信任或不赞同的企业和岗位。千禧世代关心平等、环保、公民权等问题。千禧世代是未来的员工与客户，并且现在已成为劳动力和客户群重要的构成部分，因此，明智的企业最好开始思考它们在这些问题上的立场，以及它们的立场会吸引来哪种人才。

此外，先前世代往往认为，初级员工应该接受某些额外工作，但千禧世代对此发出挑战，并在下午 5 点准时下班。当然，这样做过于绝对，我们也认为应该保持一定的灵活性，应该准备在必要时付出额外努力和时间开展工作。我相信，只要千禧世代认为工作有意义，他们就会这么做。先前世代认为工作是份苦差事，即便不喜欢也可以勉强待在岗位上。当今的年轻人对工作的要求更高，当他们真心喜欢自己的工作时，才会继续投入时间和精力。

正念和冥想

一些天然类固醇可以帮助你提高绩效、缓解压力，并且第二天早上不会头痛，也没有任何上瘾的危险。实际上与类固醇相比，荷尔蒙、内啡肽、多巴胺的效果更直接。

如果你热爱自己的工作，但又想增加乐趣、缓解压力、提高绩效，从而找到更多时间做其他事情，那么你可以尝试冥想。

我曾经遇到过许多给人留下深刻印象的管理者。他们中多数人都有特殊秘诀，有人健身，有人练瑜伽、打太极，还有人下棋或奏乐——有一位非常忙碌的首席执行官每天都会在家中拉小提琴。

对于那些惯于找借口（"我做不到，因为……"）假装

没有任何时间健身，抱怨韧带有问题而不能练瑜伽，生怕
打太极会遭到邻居嘲笑（我会说："那又怎样？"），感觉学习
奏乐太浪费时间的人，我有一个找不到任何推诿理由的建
议：每天早晨或傍晚抽出 20 分钟时间进行冥想。

你已经抵达沟通型领导力之旅的终点，赢得了倾听型
领导者黑带。

现在，让我们来看看千禧世代对赢得黑带的倾听型领
导者有哪些期望。

反向导师制：先前世代询问千禧世代的 EMMA

导师制正转变为双向辅导。下文的讨论是有关反向导
师制的例子。作为先前世代、企业和相关层级领导者的埃
米利奥，询问克莱门蒂娜及其同代人对当今和未来领导力
的看法。克莱门蒂娜与欧洲国家的千禧世代沟通并进行了
深入思考，但她个人对下文的具体内容承担全部责任。

千禧世代对团队领导者有什么期望

千禧世代期望倾听型领导者：

1. 怀有一种道德愿景：这种道德愿景包括关于世界的
道德愿景，以及关于企业满足社会福祉和环境福祉的道德

愿景。我们想要企业在下述方面表明立场：

- 诚实、正直。

- 尊重工作－生活融合。

- 不受年龄、性别等因素影响的平等待遇和机会。

2. 鼓舞人心：领导者应该能够整理团队成员提出的想法，提升把不同关系网络和利益相关者（从真实群体到虚拟群体）联系起来的能力，以及使团队成员相互联系、相互交流的能力。现在我们知道，这也是大脑神经元网络和突触连接的主要产物之一。

3. 提供指导：领导者应该掌握基本的管理技能，能够创造性地设定工作框架。领导者必须掌握适当的项目管理技能，能够开展目标管理，并在组织结构允许的前提下为员工独立工作搭建舞台。千禧世代尚有点优柔寡断，所以会在必要时寻求领导者的鼓励与指导。

4. 以身作则：领导者应该遵循战略与愿景，以身作则地坚持企业的价值观。言行一致非常重要。

5. 勇于培养员工：领导者不应惧怕培养员工并促进他们成长。

6. 推进变革：如果领导者能够克服过去的习俗、惯例、传统等带来的阻力，那么就能够赢得千禧世代的支持。

7. 支持数字化：领导者应该对新技术和新媒体持开放态度，能够自主地、灵活地使用新技术，并与员工互动。领导者不应反对技术变革，并将其委托给留在旧战壕里的年轻劳动力。

8. 识别员工的优势：发挥团队中每位成员的优势，据此缔造并管理团队。

9. 擅长交际：关于如何运用具有创新性的想法来促进企业的成功，询问并倾听我们以及其他所有团队成员（不论年龄或任何其他标准）的意见。

10. 积极的同理心：认识到自身可能存在的不足，如羞怯或不擅长社交，这会让我们更容易敞开心扉，接受那些可能会对绩效产生负面影响的个人情况。营造相互信任的氛围，积极主动地坦诚交流。

千禧世代期望倾听型领导者对团队产生下述影响：

1. 维护非正式（近乎友好的）关系：让人们在一起感到轻松惬意。

2. 鼓励成员相互尊敬：营造积极合作与相互尊重的氛围；不要在团队内人为挑起竞争。相互倾听与支持是提高团队绩效的方法。

3. 支持多样性：构建一个拥有不同能力、专业、生活经历以及多元文化思维的多样化团队。利用种种差异，获得更全面的观点或发现新角度。

4. 保持透明：在成员之间的关系上，团队应该保持透明和诚信，并能够公开讨论其动态。

在满足千禧世代的期望方面，雇主的表现如何

以下是克莱门蒂娜个人化的评估（按照 1 ～ 10 分打分）。

1. 英国大型企业：5 分；英国中小型企业：6 分。

2. 意大利大型企业：4 分；意大利中小型企业：3 分。

3. 德国企业：5 分。

4. 法国企业：4 分。

5. 比利时、荷兰、卢森堡企业：6 分。

6. 美国企业：3 分（工作 – 生活融合方面）；7 分（赋能和授权方面）。

要获得 10 分，企业及其领导者应该做什么

为了获得千禧世代的大力支持，企业应该树立明确的目标，所有成员、所有事务都应朝该目标努力。发展资金应该用在刀刃上。例如，若企业没有真正的国际性职业发展机会，那就不要自称为全球性企业。

实现该目标的最重要方式是打破等级和物理藩篱（如开放门户政策、与学术界的联系和融合），来实现动态交流。鼓励人们参与，挖掘他们的想法和技能，从而使其对企业、

成果与项目产生归属感，这应该成为领导者的准则。领导者应该倾听，也要主动询问员工的优势、劣势、挫折、改进之处、梦想、需求与环境。领导者应设法应对人力资源实践中长期存在的挑战，例如，跨越国界和雇主界限灵活便捷地支付退休金。

领导者应该包容不同的文化、背景、心态与个性。这种努力首先应该反映在招聘选拔的标准上，允许对工作岗位做出非标准化描述。盎格鲁－撒克逊⊖在这方面的表现处于领先地位，而意大利、德国、法国在候选人的"最优"教育和职业生涯路径方面依旧非常刻板。

企业及其领导者应该履行改善工作－生活融合的承诺。最后，为了成为受信赖和可信任的精英，领导者的薪酬应该更透明，职业生涯路径也应该更清晰。

企业应该保持哪些最重要的商业惯例

尽管具体方式始终存在差异，但千禧世代尊重领导者。他们不惧怕领导者，这种惧怕在传统上更多是指惧怕资历。千禧世代相信，倾听型领导者已经赢得了受到充分尊重的权利。与此同时，领导者应该始终对自身的行为负责，这

⊖ 盎格鲁－撒克逊（Anglo-Saxon），一般指英国、美国、加拿大、澳大利亚、新西兰五国。——译者注

一点应该通过广泛授权而扩展至企业内的所有人。

千禧世代看重激励体系中的某些部分。他们欢迎共同所有权、股权参股、管理层收购等举措。千禧世代也希望获得附加福利，当然应该根据新制定的福利规定加以分配。企业提供的附加福利应该侧重生活福利（如养老保障）和便捷性（如托儿所与儿童保育、家庭办公室、交通设施），而非金钱和奢侈品。此外，鉴于当前的趋势，千禧世代希望加强财务审计，并且不限于此。

最后一项需要保持的商业惯例是利益相关者的参与和争取实现双赢的方案。

为吸引千禧世代，企业应该如何变革

为吸引年轻人才，领导者应该克服对失去权力或地位的恐惧，培育自主与灵活的文化理念，对千禧世代而言这要比工作保障重要得多，如果他们在企业中没有发现这种文化理念，那么他们就会选择离开。为了培养这种文化理念，企业还应该切实提供开放的、非正式的、透明的、智能的工作环境和空间，例如开放空间办公室而不是普通的封闭办公室。

有些企业构建了培养未来精英的制度体系（基于目标与成果），这对千禧世代有很强的吸引力。对多样性的承诺必须引领企业走向未来，在不久的未来，多样性将不再是一个问题。

在招聘千禧世代新员工时，企业需要避免哪些错误

1. 缺乏诚信：企业的声誉（想要塑造的自我形象）与实际情况不符。

2. 组织结构过于传统：陈旧的、等级制的、保守的企业文化，官僚主义的、迟钝的高管，缓慢的决策以及不透明的过程等，都会降低企业对千禧世代新员工的吸引力。

3. 管理层任命不当：一位糟糕的高管会带来混乱，破坏所有人的努力。

4. 聚焦短期成果：千禧世代想要开创事业，不想成为《爱丽丝梦游仙境》中忙碌的兔子——急着从一份季度报告跳到下一份季度报告。

5. 盲目授权：在具备心理安全感的前提下进行授权，人们就敢于犯错误、承认错误，然后继续前进，否则就会像一群散乱的鸡那样四处奔跑，人人为己，害怕承认失败，并因此影响后续的改进。

6. 不关心社会与环境问题。

7. 企业内部错综复杂与钩心斗角：尊重与温和不应仅限于表面。该错误实际上体现了一种理念，认为企业内部

的互动仅根据钩心斗角、权力斗争、潜规则和私下的兄弟情谊来管控。

8. 各种理想化（如刻板印象、期望等）：一个例子是"千禧世代"类别（与此相对的是资深人士）。讽刺的是，人们对千禧世代的一个刻板印象是个人主义。关键在于，千禧世代希望因个人的表现而受到关注。千禧世代对只属于某个类别的感觉非常陌生，试图把千禧世代划归某个特定类别（如环保主义者、健身狂、知识分子等）往往是无用且浪费时间的。

9. 洗脑：运用扭曲价值观和操纵理念的手段来创造一种高度同质的文化。企业可能会提出符合愿景的价值理念，但这并不意味着在涉及个人选择和价值观时，企业能告诉千禧世代何为正确、何为错误。

领导者要如何做，以让千禧世代取得成功

1. 给千禧世代一个机会，对其自主性不要过分担心：自主性不应意味着被排除在特定项目目标或更宏观的企业目标之外，而是营造一种人人都可以自由构建自身工作流程的文化，在这种文化环境中，不必要的组织结构会消失，必要的组织结构仍得以保留。一旦目标和期望得以树立，坦诚且频繁的沟通得以实现，这时，就放手让千禧世代为

之努力吧。千禧世代会尽最大努力，按照自认为的最佳工作方式提供服务。

2. 学会容忍并接受千禧世代的错误：千禧世代会犯错误，当他们刚加入某个组织时更是如此，但是他们会同领导者共同努力从错误中吸取经验教训。造成错误的原因是方法不当、技能缺乏、期望不合理、相互误解吗？或者完全由于其他因素？千禧世代渴望了解自己，弥补自身的缺陷。为了不浪费宝贵的机会，千禧世代必须诚实地面对错误，并希望领导者花一点时间，运用专业知识把错误转变为学习的机会。

3. 做一名教练型领导者。

4. 支持千禧世代的成长：为了企业的利益，千禧世代愿意付出额外的努力，但他们希望能够在此过程中获得成长。成长指的是专业发展和个人成长，专业教育，参加课程、会议、讲座、人员交流等机会，配套的个人长期发展计划（据此也可以向员工表明企业对人员的长期投资）。

5. 让千禧世代参与相关的组织行动与决策：千禧世代认识到，在大型组织中他们的声音也许微不足道，他们也不会自认为掌握所有答案，但在当今时代，每个人都能够通过某个平台表达自己的想法和观点，从而使事情向好的方向发展。

6. 让千禧世代不断接受可完成的挑战：这对千禧世代

非常重要，因为他们可以借此发现自身的优势、劣势以及才能。高流动性是千禧世代特有的工作趋势，让他们不断接受新挑战无疑是应对该趋势的可靠方式。

7. 基于工作成果予以奖励：对千禧世代而言，这包括两个方面：一方面，千禧世代中许多人都有过多次实习经历（但没有合同、薪资或推荐信），千禧世代对此会有抱怨，而抱怨可能使领导者认为他们"娇生惯养"；另一方面，当今社会越来越宽容，越来越温暖，这意味着千禧世代可能绩效平平却受到过度表扬。让他们找到一个公平的中间立场吧。当他们付出努力并取得成果时，请给予奖励——物质奖励或成长机会。

8. 向千禧世代提供反馈意见：如同先前世代，千禧世代年轻、有干劲，也有学习和努力工作的雄心壮志。然而如今不同以往的是，建设性批评成为一种常态，"埋头苦干"的箴言不再被社会广泛接受。任务刚刚完成时，有针对性的即时反馈能够比年度评估产生更具体的感受和直接影响，因为时间久了评估人员和任务执行者的记忆会变得模糊不清。所以，具体且及时的反馈确实会带来双赢的结果。

企业需要挖掘千禧世代哪些（尚未得到开发的）潜力

首先需要挖掘的潜力是精通专业技术。当然，年轻人是数字原住民，在该领域掌握最高水平的技能，可以帮助先前世代释放巨大的潜力。在数字时代，千禧世代可以担任先前世代的导师，利用反向导师制赋能组织中的年长者。

其次，千禧世代促进了企业家精神、创新和创造精神，这在一定程度上得益于他们能够使用社交和数字媒体广泛接触全球议题、人物与思维方式。这不一定涉及艺术创造力，但会涉及问题的解决、原创思想的提出与发展。千禧世代更喜欢询问如何让想法成为现实，而不是解释为什么某个想法可能永远不会成功。领导者可以利用千禧世代的多样性和新颖观点共同塑造未来。千禧世代还可以利用全球互联网络来建立社区，帮助梳理利益相关者的意见，讨论全球社区面临的困境。

什么能够引起千禧世代的共鸣（尤其是与千禧世代相关的因素）

最能引起千禧世代共鸣的是关心：关心彼此，关心所有利益相关者，关心企业遵循的价值观和原则，关心对社区和利益集团承担的不同责任，关心诚信。相比于关心，利润应该作为次要目标。

The Listening
Leader
How to Drive Performance
by Using Communicative
Leadership

第 6 章

结论
如何重建信任并取得成功

在慕尼黑一个寒冷的冬日早晨，我顺着路走向办公室，内心与外面的温度一样冰冷。弗兰克（Frank）是我们公司员工杂志的编辑，隶属于我主管的部门。此时，他的办公室电话响个不停，于是我走进去接起电话。打来电话的是一位上了年纪的女士，她丈夫是公司的一位退休员工。如同所有其他已退休的员工，他会定期收到员工杂志。那位女士告诉我，她的丈夫身患重病，将不久于人世，因此她想要取消订阅该杂志。我记下了她丈夫的姓名和地址，同时一个念头闪过脑海："德国人和我们意大利人真不一样。丈夫即将去世，而她则像一位高效率的管理者一样在清单上画钩。"那时我母亲刚刚去世，所以我能够理解她的处境。我希望她能够与丈夫共度最后的美好时光。因此我告诉她，在她丈夫去世后，她将面临一个更重要的问题：她有权领取遗孀抚恤金，我知道，领取抚恤金需要大量文书工作，而且并非所有事项都清晰明了，对一位刚经历丧夫之痛的女性而言更是负担，必然有大量其他事情有待她拿主意。公司有专人负责抚恤金事务，因此，我把该同事的名字和电话号码给了她，相信这会对她有所帮助。然后，跟她说完再见，我便若有所思地放下电话。突然，我注意到尼尔斯（Nils）坐在边上等弗兰克，他是一家子公司的沟通人员。那个冰冷的早晨带给我的糟糕心情、接到的奇怪电话以及尼尔斯脸上尴尬的表情，让我忍不住爆发了："你为什么不接电话？你没听到电话响个不停吗？你没听过要以客户为中心吗？”我继续质问了一连串问题，并且语气显然非常严厉。尼尔斯结结巴巴地说：“但那不是打给我的电话……”我斥责道：“你认为那是打给我的电话吗？但我接起了电话！”然后他咕哝道，自己不知道该说什么，他不在母公司工作，只是在子公司上班，因此不确定接听电话会不会说错话或违反规定等。我气急败坏地说，接听电话不可能造成太大的错误，然后拂袖而去，以免进一步羞辱这个没用的笨蛋。

　　我多次讲过这个故事，用来表明以客户为中心应有的正确态度，即每位与员工接触的人都应被视为客户，受到尊重，获得一流服务。尼尔斯是不称职的典型例子。我对他做的唯一一件仁慈之事，就是在讲述该故事时隐去了他的真实姓名。

　　现在是时候向尼尔斯道歉了。在暑期休假期间，我在乡间的房子中突然想起那一幕，终于认识到当时自己的所作所为对尼尔斯非常不公平，而且我大错特错了，尤其是我没有倾听他的辩解以及此事反映出的问题。尼尔斯说，他不知道该说什么，意思是他不能代表同事采取行动。尼尔斯还说，他不在母公司工作，并且不确定是否会违反某些规定，意思是他没有得到授权。因此，尽管这个故事很可能是没有做到以客户为中心的典型例子，然而实际上，这个故事在下述两方面更有代表性：①领导者（我）没有倾听；②组织等级森严导致人们不敢承担责任。

对不起，尼尔斯。我欠你一个道歉，实际上我在沟通型领导力方面的突破也有你的功劳。我的视野受限于自己在企业中为实现一流沟通而付出的全部努力。我先前没有认识到，除良好的沟通之外还有许多其他事情，我本人需要成为一名更优秀的领导者，并尽我所能推动企业向沟通型领导力的方向发展。

我对尼尔斯不公平的评判以及从这一事件中学到的教训，促使我撰写了本书，讲述自己在企业工作时期的旅程。

无论我们取得了什么成就，都是许多拥有合理价值观的聪明人共同努力的成果。

但在这段旅程中，我们是如何取得成功的呢？企业承诺培训领导者更好地沟通，使沟通人员更有商业头脑，除此之外我没有获得明确授权，那么我们如何设法汇集这么多同事来推进企业的变革议程呢？

答案听起来简单得令人难以置信：倾听利益相关者的意见，并据此调整企业战略。这有助于企业逐步发展壮大，也可以让所有人理解，且人人都可以实践。

我们公司拥有的巨大优势是，最高管理层有这样的意识：比个人受到关注更大的收益在于，公司可以得到社会认可，获得经营许可。

事后看来，我认为这在很大程度上归因于公司所处的行业——保险业。保险业从业者都知道，该行业在多数市场上都声名狼藉，法律惊悚片常常把"邪恶先生"的角色给到一家有钱有势、拥有大批律师的保险公司，而这家保险公司往往用金钱和相关条款来扫除所有障碍。

此外，在早餐时间与伴侣讨论保险问题通常不令人愉快。保险非常"邪恶"（即使是一种必要的"恶"），人人都明白这一点。

或许保险对人们有帮助。因为无论你是否相信，保险业从业者也是人。我知道，这是一个冒险的假设，但请容我多说几句。我们假定，保险业从业者是有家人、朋友、邻居的普通人，即使他们为"邪恶"的企业工作，但仍然身处社会环境之中。

为客户服务，激发其热情，这是一个为自己加分的机会，有助于保险公司被环境接纳。在2005～2006年，我们公司经历了一段艰难时期，原因是重组遇到了种种问题。重组过程有必要继续推进，且非常急迫，各方（包括在总部门前组织游行示威的工会）都理解这一点。

利益相关者质疑的是我们推进重组的方式，而不是事实、数字、生产率目标、组织结构的简化。确实如此，所有这些都得到了员工、客户和投资者的理解。

丧失了一个倾听的机会

为了推进重组，我们需要与工会就所有细节展开谈判。但首先我们需要提出一份计划。该计划预计在 9 个月后实施，这段时间很长。公司会经历长达几个月的不确定时期，无法回答所在国员工的疑问。对当地的管理层而言，这简直是一场噩梦。员工会问团队领导者，自己的工作能不能保住。团队领导者并不清楚，并且会进一步询问所在部门的负责人直到所在国分公司的负责人，而他们会要求员工耐心等待，原因是负责规划新组织结构的团队必须首先在一家知名管理咨询公司的顾问的帮助下开展前期工作。

形势确实不容乐观，而且我们在所在国的信誉遭受了沉重打击。

既然人人都指向管理咨询公司，因此我们与那些顾问召开了一次会议。我们坐在那 6 位理论家对面，他们概述了相关情况，说明了自己的工作假设，以及为什么在 6 月前不可能提供关于裁员的确切信息。

我们问，他们认为会后该如何与员工沟通——到那时已过去 4 个月了。我还告诉他们，由于每天都对员工的关切耸耸肩表示无可奉告，公司管理层已丧失了所有信誉和尊重。他们看着我，好像我是个外星人，继而观察我的老板，试图发掘出让他们忽略或无视该问题的肢体语言。我的老板目不转睛地盯着我，没有做出任何表示。他们被我的问题难住了，说道："我们刚刚试图解释，在这 9 个月结束前，没什么可沟通的。"

现在，你已经理解发生了什么，以及误解位于何处。顾问们误把传达信息当成了沟通。当高智商的顾问设计新组织结构、核算员工人数与协同作用时，没人去询问那些掌握最多答案的人。对此我应该有所作为。这是我的失职。

在从宣布重组到与工会谈判所需的 9 个月中，本可以在企业内形成一种上下左右相互交流的局面，所有利益相关者都应该思考下述问题：何处可以节省资金？哪些流程可以简化？何处存在重复性工作？哪些部门存在严重的官僚风气？

我并非贬低顾问以及项目的所有参与者付出的巨大努力，只不过此次经历告诉我，最好倾听利益相关者的意见。当然，员工不一定会提出完美的解决方案，但他们的意见确实非常宝贵。

正如这家企业的领导者数年后表明的，利益相关者的意见确实非常宝贵，弥补了新组织结构存在的若干缺陷——主要是纠正了领导方式上存在的问题。

鼓足勇气

我想要鼓励领导者对客户和员工承担应有的责任，开启一个有潜力扩展至整个企业并可能被效仿的过程。口碑会传播开来。敬业度调查将证明这项努力的成果。从团队领导者到更大部门的负责人，人人都可以培养沟通型领导力。

我也会告诉首席执行官们：鼓足勇气，你一定会赢。做一名勇敢的倾听型领导者吧。

沟通型领导力不会造成负面影响，你可以借此为企业的成功铺平道路并激励员工，在兼并后最艰难的重组或整合期间同样如此，倾听利益相关者的意见只会让你变得更强大。在利益相关者的支持下，你能克服最严峻的危机。企业的普通员工会积极参与，并成为企业真正的代言人。他们不是被洗脑的信徒——只会盲目宣传你的福音，而是成熟的社区成员，能够展现神奇的魔力，这种魔力使企业在客户眼中变得独一无二且弥足珍贵。

最后揭示的秘密：权力掌握在你手中

此处我们讨论的内容会对企业和社会中的权力分配产生影响。

有些人想要了解沟通型领导力把权力（塑造事物的能力）重新定位于何处，这对他们很有吸引力。

企业保留的权力有创造财富的权力、金钱投资的权力、支付员工薪资和税赋的权力。

然而，企业本身受到下述权力的影响：优秀员工辞职的权力，客户购买、推荐或抵制产品的权力，投资者买卖股票的权力，社会给予或收回经营许可的权力。

沟通型领导力有助于在上述两方面的权力中实现平衡，从而使所有利益相关者共同受益。不断倾听利益相关者的意见并持续沟通的过程，成为真正的权力本身，也是企业权衡利益的手段。

如果信任是当今和未来的主要商品，那么权力将掌握在那些收获并积累信誉的人手中。权力也将掌握在那些懂得通过提供有意义的信息从而赢得信誉的人手中。这些人学会了认真倾听，能够把对方的意见转变为企业战略。有人通过赋能利益相关者，发挥利益相关者的优势来赢得信任；有人重新分配权力从而在利益相关者的支持下实现增长，权力还将掌握在这些人手中。

权力掌握在倾听型领导者手中，这是本书最后揭示的小秘密。

这种权力基于五种感官以及第六种感官（常识），它是可靠的，同时是对环境无害的。

如何识别倾听型领导者

最后，可以从两个角度识别采取举措从而推进变革的倾听型领导者。

1. 能力。倾听型领导者能够倾听并落实本书中提到的大部分或全部建议。这些建议得到了验证：我自己遵从了多数建议，并且在此过程中犯过不少错误，足以使我能够帮助他人吸取本书中提到的经验教训。

2. 意识。识别倾听型领导者的第二个角度是意识，即意识到沟通型领导力是让企业成为更佳工作场所的机会，也是让企业的社会角色更容易被接受的机会。

被容忍与获得经营许可（由客户、员工、投资者、社会授予）存在区别。后者使得政治人物和监管者更倾向于把足够的创业自由留给得到选民支持的企业公民。

在《哈佛商业评论》的一篇著名文章中，作者写道："最新研究表明，客户与潜在员工不是唯一可能受社会责任影响的人。"[1] 社会责任牵涉到作为利益相关者的整个社会。这也意味着，有些人能够改变游戏规则，而企业应该赢得他们的认可。在银行工作的人会明白我的意思：创造性活动的空间已经大大缩小，甚至央行和监管者也承认，尽管银行在当今经济体系中发挥至关重要的作用，但在监管干预后银行的利润率再也不可能恢复到原先的水平。

确保你自己成为能获得他们认可的人。这取决于你自身、你的勇气以及倾听能力，也取决于你的下述意识：你可以为自我、为团队、为企业有所作为。

这关乎本书引言部分提到的所罗门王祈求的礼物：辨别是非的心，正如我们从那个故事中所知，它不仅会让你拥有判断力，也会让你获得财富与长寿。

祝你好运。

The Listening
Leader

How to Drive Performance
by Using Communicative
Leadership

第 7 章

—————

后记

取消企业中的沟通人员吗

- 一家由倾听型领导者构成的企业还需要设立沟通部门吗？

- 沟通人员面临的十字路口：是蓝海还是红海？

- 成为一名蓝海沟通人员需要具备的素质。

- 沟通人员的新价值定位：促进利润增长。

如果在企业内你既不是一名沟通人员，又不是首席执行官，那么可以忽略本章。

如果你不想在阳光明媚的翁布里亚大区的奥尔维耶托[○]（我在那里举办的夏令营中讲授沟通型领导力）度过一周时间，那么本章内容是个替代选择，阅读不会浪费你多少时间。当然，夏令营地点位于意大利最美丽、最有文化底蕴的地区之一，在夏令营中，学员可以与优秀的同伴共同分享美食，也会进行大量的互动。

2006 年，我与同事兼朋友克劳迪娅·赖希穆特（Claudia Reichmuth）共同撰写了一篇文章，标题为："取消企业中的沟通人员！"，这是首次明确阐述我们在安联集团的所作所为。[1] 本文收到的回应（或缺少回应）表明（很少有例外），我们要么完全偏离了轨道，要么在声称取消企业中的沟通

○ 奥尔维耶托（Orvieto），意大利翁布里亚大区西南部城市。——译者注

人员时略显激进。

现如今，我相信"取消企业中的沟通人员"为时过早。商界还没有足够时间来消化和反思安然公司⊖和美国次贷危机⊜造成的浩劫。与客户相关的关键绩效指标（如净推荐值）激增，但它们尚未同企业的整体转型联系起来。我们仍在津津有味地咀嚼着几十年来股东价值的残余。

在世纪之交召开的一次董事会会议促使安联集团走上了发展沟通型领导力的旅程。

继任计划上的污点

执行董事会的议程是讨论我们公司中某些最重要岗位的继任计划。当谈到我的岗位（安联集团沟通部门主管）时，我感到越来越尴尬，真心希望这一切没有发生。桌子周围的先生们都夸赞我、恭维我，说我是该岗位的合适人选。我感觉有事要发生，果然没错。接下来首席执行官冷冰冰地说，我在全球的领导团队无法应对新挑战，而且如果我爱上了一位巴西的萨尔萨舞者并跳槽到

⊖ 安然公司（Enron Corporation），美国的一家能源公司，2001 年曝出丑闻并申请破产保护，进而导致安达信会计师事务所解体。——译者注

⊜ 美国次贷危机（Mortgage Crisis），美国国内次级抵押贷款机构破产、投资基金被迫关闭、股市剧烈震荡引发的金融危机，以 2007 年 4 月新世纪金融公司破产事件为标志，引发了 2008 年的世界经济危机。——译者注

里约，那么公司将难以找到继任者。我明白这些话的言外之意了。我不能应对新挑战，这是最高管理者给我保留颜面的方式。

集团需要更多核心业务知识，需要具备与承保人、理赔人员、基金经理以及所有精明的律师和精算师进行交流的能力，这些人组成了一家经营保险和资产管理业务的公司。

如果这不是一个警告，那么我不知道它还会是什么。我结结巴巴地说，我需要和首席执行官单独讨论该问题，并且会向董事会提交一份报告。

为了与首席执行官会面，我进行了充分准备，与最资深的团队成员讨论了该问题，并收到了他们传达给我的大量信息。最高管理层认为我们团队仅仅是沟通从业者——这可能是正确的。但我们的工作正是收拾他们留下的烂摊子。如果我们深入理解直线管理者和普通员工之间的沟通，那么几乎可以避免所有沟通危机。

我不喜欢现在的方式。最高管理层似乎没有听到关于"我们"的信息，而是想回复关于"他们"的信息。最高管理层认为错不在我们，而在于经理们无法运用常识处理多数事务。重要的是法律条款和算法，而不是背后的故事、人员与客户。

幸运的是，首席法律顾问的办公室与我的办公室位于同一栋楼，就在我办公室的下面。我去征求他的意见。

如果你是一名沟通人员，那么你可能会非常理解我们的对话。你可能预计，首席法律顾问会强调，沟通人员的角色是向媒体表明合同、理赔实务与承销都涉及非常复杂的法律问题。

事实并非如此。他是一名优秀的首席法律顾问。毫无疑问，对于多数国家的责任法以及法庭辩论规则，他几乎无所不知。他也是一位非常有教养的父亲和一位具备丰富常识的管理者。

令我惊讶的是，他说："是的，我们都需要成为更优秀的沟通人员。"谢天谢地！那正是我们需要做的事情：把沟通人员转变为管理者，把管理者转变为沟通人员。

接下来我去见了全球人力资源主管。我问他，他们将如何帮助我们基于有效沟通培训管理者。他坦率承认尚未认真考虑这一问题，但有计划筹建一所企业大学，我们可以相互合作从而将有效沟通作为培训最高管理层的必修课。这是一项突破。

事后，我们向首席执行官提交了一份报告，该报告为安联集团发展沟通型领导力奠定了基础。我们使用了一张清晰易懂的图片来概括报告内容（见图 7-1）。

在下一次会议上，我向最高管理层大胆提议，设立一个"认证沟通人员"项目，包含了相关的评估与发展措施。所有想要申请更资深岗位的沟通人员，都必须通过该项目，并获得蓝色执照。只有持有这份执照，他们才有权晋升到更资深的工作岗位。没人强迫他们参加，但缺少了该执照，他们的职业发展就会受阻。在参加项目期间，他们将学习关于核心业务的所有基础知识，涉及年度报告、在战略研讨会上与最高管理层互动、通过角色扮演进行评估、全面的知识测试。

管理者需要掌握：	沟通人员需要掌握：
• EMMA	• 战略
• 有效沟通	• 关于核心业务的知识
• 倾听	– 产品
• 有效展示	– 财务
• 客户热情	– 分销
• 变革仪表盘	– ESG
• 培育关系	– 人力资源
• 危机管理与沟通	– 合规
• 避免"群体思维"	– 信息技术
• 关于失败的文化	• 市场洞察力
	• 领导力
	• 管理
	• 监管环境

图 7-1 沟通型领导力的阴阳关系

我看到首席执行官笑了。这正是他想要的东西，但我不确定他是否想要第二部分。

我向他展示的仅仅是提议中关于沟通人员的部分。只有管理层对我的承诺做出同样的回应，这项努力才能真正帮助公司走向成功。我们将尽最大努力提高沟通人员的业务知识水平和素质；反过来，公司管理层必须学会如何有效沟通。这有助于公司尽早预防危机，同时提高领导水平。

首席执行官听取了我的意见，并以领导者实事求是的态度简要说道："好，去做吧。"

从此我们开始培训成百上千名管理者进行有效沟通，并开始评估成百上千名获得蓝色执照的沟通人员。在这些人中，肯定有我的继任者——为了在刚开始就证明这一点，我会向公司提交一份可靠的继任计划。顺便说一句，我离开安联不是由于爱上了巴西的萨尔萨舞者，而是为了开启新的职业生涯。

本书主要讲述的是，我在管理发展[○]中学到的知识，以及如何把管理者培养为倾听型领导者。

本章则主要讲述了，沟通人员成为被企业接受的合作伙伴需要满足的必要条件。

我们可以把旧沟通方式描述为：穿着细条纹西装、嘴里喃喃自语、拿着数百万美元薪资、用 Cobol 和 Java 语言说话的精算师把穿孔卡片塞到公关办公室门底下，门里面有一位见多识广的外向的前新闻记者负责将其转变为四类利益相关者（客户、员工、投资者、社会）熟悉的语言。

○ 管理发展（Management Development），管理者通过正式或非正式学习来提高技能、能力与知识水平的过程。——译者注

社交媒体革命和个人授权方兴未艾，普通公民迅速成为社会中最可信的资源，普通员工也成为企业中最有信誉的资源，因此我们需要一种新沟通方式。

这就是沟通型领导力，企业中的沟通人员帮助管理利益相关者，安排人员听取利益相关者的意见，确保收到的意见在企业内部得到讨论，并最终用来调整企业战略。这种沟通职能不仅有助于妥善应对危机，维护企业声誉，而且能够促进利润增长。

在阿瑟·佩奇协会的支持下，我们与来自全球性企业的若干同行讨论了该方式，并请托尼·穆齐·法尔科尼（Toni Muzi Falconi）等世界级沟通学者提出意见。当时法尔科尼在纽约大学任教，曾要求我为他在 2014 出版的一本著作编写安联集团的相关案例，马里兰大学的吉姆·格鲁尼亚（Jim Grunig）也为该书做出了贡献，他是沟通研究领域的老前辈。[2]

良好的沟通是否与利润增长相关

是的，两者相关。我们公司与贝恩公司、媒体分析公司 Media Tenor 开展了一个合作项目，本书第 2 章简要探讨了其中的最佳实践和最差实践。

我们挑选了 5 家在客户忠诚度方面领先的企业。根据贝恩公司（该公司发现了净推荐值的影响）的术语，这些在客户忠诚度方面领先的企业是所在市场上净推荐值最高的企业。换句话说，它们是那些通过客户的高度热情或从一位客户到其他客户的最高推荐率来实现利润增长的企业。接着，我们挑选了 4 家在客户忠诚度方面落后的企业，它们的市场份额不断下降，客户日益流失。

然后，我们审视两个关键绩效指标：根据全球敬业度调查获得的员工敬业度、媒体分析部门监测的媒体关注和媒体报道基调。

据此获得的结果非常可靠，在客户忠诚度方面领先的企业在媒体沟通以及内部沟通方面（企业沟通的两个最重要领域）都表现突出（见图 7-2）。

读者中的科学家会问两个问题，我假设，他们明白企业成长与沟通之间存在非常强的相关性。第一个问题是，这种相关性高于 R^2 吗？是的，确实更高。第二个问题是，既然承认具有非常强的相关性，那么因果关系是什么？企业的成长是由于良好的沟通吗？或者，企业的利润增长是由于首席执行官能够理解媒体沟通与内部沟通的重要性，并遵循高标准予以贯彻落实吗？

实际上，为了实现本书的目的及背后的实践：我根本不在乎答案。因为发挥作用的是阴阳关系，两方面相辅相成，优秀的领导力与良好的沟通共同促进企业的利润增长。

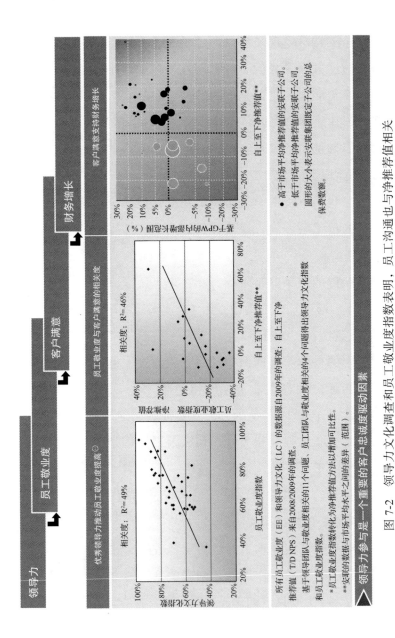

图 7-2 领导力文化调查和员工敬业度指数表明，员工沟通也与净推荐值相关

资源来源：安联集团授权转载。

○ 原书疑似不全，这里的"领导力"可能是指"沟通型领导力"。——译者注

议程设置媒体

每家企业都必须认识到"议程设置媒体"的重要性，这些媒体可以瞬间摧毁企业的声誉。在英国，议程设置媒体包括《金融时报》《经济学人》、BBC 等高质量媒体，也包括主要的日报，甚至各种小报。在德国，议程设置媒体包括公共电视台、《明镜周刊》《法兰克福汇报》《南德意志报》以及小报《图片报》等。美国的 CNN、《华尔街日报》《纽约时报》《华盛顿邮报》等；法国的《世界报》《费加罗报》、公共电视台等，无疑都是这些国家的主要议程设置媒体。

这些媒体可以设置议程。每家企业都必须充分认识到，自身需要确保经常被这些媒体报道，并且被报道的频率始终高于媒体关注临界值。

为什么呢？在媒体上（尤其在以出色的调查新闻以及独立性著称的媒体上）保持低调不是更明智吗？貌似如此，直到企业面临一场危机。企业的危机总会引起议程设置媒体的兴趣，企业的糟糕情况往往由于媒体的报道演变成危机。

议程设置媒体的报道会引发危机，企业在危机中幸存的唯一方式是主动地经常出现在媒体报道中，具体形式包括令人感兴趣的采访、专栏文章、由企业开展的公共利益研究、针对市场相关问题的评论与公告等，定期报道的数量务必能够打破公众关注的音障。你最好通过一家媒体分析公司逐日、逐月跟踪议程设置媒体，这些媒体分析公司能够向你解释每个市场的媒体关注临界值是多少。作为一名公关专业人员，你的职责是确保企业经常被这些媒体报道。当不可避免的危机到来时，过往的大量报道有助于减缓危机造成的负面影响。人们会读到关于危机的报道，但他们也熟悉你所在企业的品牌以及先前推出的优秀产品，并希望你所在的企业能继续推出优秀产品，愿意在一定程度上信任企业，从而使企业在危机中受益。

作为一名公关专业人员，你应该同议程设置媒体的记者频繁互动，除了上述原因之外，第二个非常明显的原因是，你可以了解同你打交道的记者。通过这些记者，你将能够理解读者（或观众）对产品和企业的期望。

议程设置媒体会接触到企业的所有利益相关者。起初，这些媒体对客户购买行为的影响小于对企业整体声誉的影响。负面报道对客户消费模式的影响非常缓慢，直到这种影响抵达（很难或不可能恢复的）临界点，即长期的负面报道才会影响客户购买行为。

关于传统媒体与社交媒体相互影响的研究并未阐明权力何时以及在何种条件下从前者转移到后者。从实践中我们得知，现在传统的议程设置媒体也使用社交媒体，既用来营销其品牌和发布新闻，又用来收集信息。换句话说，两种媒体都非常重要，并且日益相互影响，具体方式有时简单得令人惊讶：一家欧洲报纸决定根据截止日期前在线版本的页面浏览量确定印刷版的头条新闻。这带来了高质量新闻的滑铁卢。但事实就是如此，企业公关专业人员需要适应这些年新闻业变色龙般的变化。

社交媒体与议程设置媒体的相互影响

对首席执行官或其他最高管理层成员而言，博客以及其他社交媒体平台日益成为与议程设置媒体同等重要的信源。企业的声明、客户在博客上的留言、心生不满的员工在各种新平台（人们可以在此匿名表达对企业的看法）上的吐槽，三者时常相互呼应。

普通公民被社交媒体赋权，作为个人获得了公共发言权。此外，他们成了议程设置媒体的信源，比最高管理层成员或公关人员更举足轻重。

> 我坐在肯尼亚马赛马拉[⊖]某地的一个壁炉前。朋友里卡尔多·奥里齐奥（Riccardo Orizio）邀请我来做客，他是调查新闻领域的老手，出版过多部关于社会科学的著作，已故的雷沙德·卡普钦斯基（Ryszard Kapuscinski）

⊖ 马赛马拉（Masai Mara），肯尼亚西南部的一个大型动物保护区，与坦桑尼亚北部的塞伦盖蒂动物保护区接壤。——译者注

也是他的朋友，两人合作在肯尼亚开设了 3 家非常好的旅馆。当聊到新闻业的变化时，我问奥里齐奥，政治性报道是否在一定程度上受到网络报道的影响。

奥里齐奥给我讲述了阿姆斯特丹一位 19 岁学生托马斯·范·林格（Thomas Van Linge）的事迹。报道叙利亚、伊拉克或利比亚新闻的战地记者都非常熟悉他。林格是 CNN、《纽约时报》《明镜周刊》的定期信源，但他从未真正踏足那些危险地区。这些议程设置媒体究竟为什么要依赖他提供信息呢？林格"居住在阿姆斯特丹，他在自己从小一直使用的书桌上制作了世界上最完备的战区地图"[3]，"他使用 Skype 与前线的战士交流，并与活动家和慈善机构通信，甚至从其他制图师那里获取信息。总之，他声称自己制作的叙利亚战区地图基于 1100 多个信源"。

可见，一位拥有电脑和推特账户的普通公民已成为大众媒体的重要信源。

与客户相关的媒体

除议程设置媒体外，关键在于了解那些推动客户做出推荐的媒体。这些媒体很少是议程设置媒体，如果是的话，通常都是从两个方面对企业产生影响的小报，一方面塑造企业的声誉，另一方面增加或减少企业的客户。

多数客户受社交媒体和更专业的媒体影响。如何接触客户是一门运用大数据的精确科学，也是优秀市场管理人员或营销人员的职责。若不与营销人员合作开展工作，沟通人员就会损害企业的价值。沟通人员需要清楚地了解哪种媒体会影响客户行为，包括社交媒体、传统媒体、专业杂志、博客或 YouTube 频道等。

沟通人员首先要进行上述分析，然后持续监测并与这些媒体互动。若在使用有关客户的关键绩效指标（例如，净推荐值）的企业中工作，沟通人员必须有一份清晰的媒体示意图，该示意图有助于提高企业在普通公众和客户行为的影响者心中的声誉，沟通人员必须为这两者服务。

总体上，随着社交媒体的使用，我们步入了新世界。尽管记者习惯同企业沟通部门合作，双方遵循共同的道德与职业标准，但社交媒体并非如此，社交媒体通常由获得授权的普通公民掌握。只有获得组织内普通公民（即所有员工）的全力支持，企业才能应对社交媒体带来的挑战。这方面更详细的内容，请参阅后文关于沟通型领导力蓝海的论述。

我们项目的第一个结论是，客户推荐与媒体工作之间存在非常强的相关性。因此，有必要改革媒体工作，单独考虑、处理、影响议程设置媒体（总体上，多数企业已经做得不错）、与客户相关的媒体（企业需要比以前更充分地结合购买模式、营销、有关客户的关键绩效指标），以及社交媒体（由于涉及所有领导者以及所有员工的承诺与行动，因此总体上针对社交媒体的工作是企业的新工作）。

迄今为止，我们仍或多或少处于旧世界，身处沟通的红海。之所以呈现红色，是由于血腥的残酷竞争，犹如鲨鱼吃梭鱼、梭鱼吃马鲛鱼等。红海代表着传统的企业沟通领域，遵循旧的媒体关系核心原则，即使应用新媒体，也多多少少使用了相同的专业工具。

真正的挑战始于改变整个组织，成为组织内倾听型领导者的参谋与可靠伙伴，并使用这些工具同所有员工沟通。

沟通型领导力的蓝海

在红海边上，有一片新的、很大程度上尚未被发现的沟通型领导力蓝海。因为几乎没有竞争，这片海域尚未被鲜血染红。当前，尚鲜有企业开始实践沟通型领导力，也很少有沟通从业者拥有开发蓝海的适当工具。

虽然沟通型领导力旨在改变企业，但要想取得成功，它还需要新一代的沟通人员作支撑。

当前和未来面临的挑战是，把企业内外部所有关系编织为一个神经元网络，从而持续沟通。沟通人员的角色犹如大脑中的神经递质，负责把各个点连接起来。这远远超越了企业沟通的旧模式，传统沟通局限于与最高管理层对话，沟通人员只是或多或少地充当他们的扩音器——或者在更好的情况下，是充当翻译器。

大致而言，蓝海中的企业沟通人员发挥以下四种功能。

1. 监测内外部利益相关者：了解、监测、分析利益相关者的信息，创造一套利益相关者治理体系。对于企业沟通部门的数学家、信息技术人员、分析师，这意味着新的工作机会。

2. 赋能管理层：加入普通员工团队，与企业的所有其他职能部门共同努力，包括人力资源、营销、信息技术、销售、运营、投资者与政府关系、合规、ESG 办公室、企业社会责任等部门，从而确保赋能和授权内部利益相关者，提供有意义的信息并进行沟通。因此，沟通人员必须学会传授和培训，或者向加入企业沟通团队的教育专业人员寻求帮助。

3. 确保良好的倾听：代表最高管理层，在其全力支持下，作为 EMMA 的管理员和整个组织最佳倾听的推动者。这意味着，强烈的同理心将成为招聘新沟通人员的关键考量，心理学家可以丰富企业的沟通团队。

4. 推进变革：确保组织听取沟通人员的意见，不断挑战并相应地调整组织战略。这要求战略专家、变革管理专家、具备管理咨询背景的人士以及 MBA 毕业生加入企业沟通团队。

为此，企业沟通部门与其他职能部门需要更紧密地合作。

为了成功管理向利益相关者新平衡的过渡，并最终过渡到沟通型领导，有必要开展语言培训。企业中的沟通人员需要学习业务、运营、销售、人力资源、信息技术、产品开发与交付、合规等多个领域的语言。同理，这些企业职能部门的员工也需要学习倾听和EMMA的语言。

这也正是我们在安联集团投入大量时间开展企业教育，并设立安联沟通学院的原因。该学院开设了下述课程：面向蓝海的媒体培训、《成为公认的顾问》《成为受到最高管理层信任的诤友》《声音与肢体语言》等。学习这些课程的前提是会说英语以及有能力支付一定的费用，该课程也向其他企业的学员开放。[4]这些课程会传授倾听的技巧，并指导学员学习。企业沟通中倾听的质量越高，就越有可能传授给管理者与员工。

因此，针对沟通人员的招聘将发生变化。企业沟通部门将需要从传统的新闻记者、政治人物、非营利组织公关人员群体中招聘更多行为心理学家、教育人员、培训人员、营销人员、大数据分析师、数学家，以及掌握法律、企业教育、战略、企业发展专业知识的人才。

此外，企业不同职能部门之间的员工交流必须大大加强。沟通人员必须花时间与其他职能部门合作，学习其流程，并传授给他们倾听的技巧。沟通部门也需要接待其他职能部门的人员，从而理解不同职能部门是如何共同塑造组织声誉的。

永远不要忘记，声誉无非是可持续的行为。因此，员工交流旨在理解企业行为如何影响利益相关者，以及是会将其转变为支持者还是诋毁者。

学术界的观点

学术界在沟通领域的研究往往处于领先地位，但实务者很少这么认为。莱比锡大学的玛利亚·博尔纳（Maria Borner）在关于企业倾听的硕士论文（2015）中论述了战略视角下倾听对沟通人员的意义。[5]她批评道，实践中企业沟通往往被误解为单向地传达信息。她把企业倾听定义为一种战略沟通模式，在该模式下，利益相关者的意见被企业感知、解释和评估，用于支持企业的决策过程，换句话说就是支持企业的战略。这与传达信息、表达内容形成鲜明对比。企业沟通职能侧重传达信息还是倾听，这是一个战略决策。她把企业中的倾听视为一种主要的沟通模式，表现在企业沟通的结构、战略、过程与措施方面，涵盖企业的所有层级。因此，倾听可以通过实现运营、调整战略、创造无形资产以及确保灵活性等创造价值。关于倾听议题，如果你想找一个合理的学术视角，那么该论文值得一阅。

学习、学习、学习

除了及时吸收学术界的前沿观点，沟通人员必须学习以下内容，具体包括：新媒体工作，领导力，激励、人才开发和大多数其他人力资源实务，以及业务与战略等。

第 3 章"赋能"概述了需要反复培训的七个要点，沟通人员必须最早接受这些培训，具体包括：战略、客户、倾听、危机管理、有效沟通、有效展示与综合报告。

（秘密地）体验企业的产品

蓝海中的企业沟通人员必须亲自把耳朵贴在草原的地面上，因为只有这样，才能听到远处逐渐靠近的马蹄声。除非企业销售的产品是蒸汽机，否则沟通人员应该亲自体验产品。如果企业确实销售蒸汽机，那就与购买蒸汽机的客户多交流。尽可能多地体验本企业的产品或服务。每位沟通人员每年都应该拿出一周时间亲自体验本企业的产品或服务。

客户成果

我们已经知道，企业应在涉及每种利益相关者的关键绩效指标上表现卓越，这非常重要。我们也知道，除了附有财务成果的标准年报，企业还应向公众提供更全面的年度报告。不过，我们最关注的利益相关者是客户。为什么？因为热情的客户是良性循环的开端，他们会向其他客户推荐你的企业，从而推动企业利润增长，而利润正是投资者的兴趣所在。只有忠诚的、得到赋能和授权的并因此积极主动的员工才能把客户体验提升到 10 分。这将创造就业、增加税收，并帮助企业成为得到社会认可的优秀企业公民。

结论是什么？以第 1 章中提到的航空公司为例，若该公司公布相比于竞争对手的安全系数（基于准点率、服务、价格等），那会如何？如果从订阅的报纸中读到相比于竞争对手该公司客户服务存在不足，你会不会感到惊讶？这能提高该航空公司的声誉吗？

接下来，让我们设想一份年度"客户成果"报告，该报告向客户（以及所有其他相关方）公布你的企业在客户交付、产品质量、客户服务方面的表现。该报告的语言应该通俗易懂，既表明企业的优势又指出不足；可以讲述某位客户的故事，包括良好的和糟糕的体验，这些都是企业在年度客户绩效方面的表现。假如存在不足，客户会明白问题所在并了解企业的应对举措。这难道产生不了信任吗？尤其是该报告基于客观数据和关键绩效指标。请用这份"客户成果"报告与竞争对手进行比较，如果你不想说出对手的名称（出于尊重、担心其反对或任何其他理由），可以简单地用字母代替，仅仅保留你所在企业的真实名称，并显示其市场地位。

请相信我，这会促使客户和媒体询问你的竞争对手，为什么不公布同类数据，它们是如何对待客户的呢？你会获得真正的优势，得以设置和塑造议程。每年你都可以展示在成为业内最成功企业的道路上取得的进展。不要担心第一年的进展或糟糕的表现。诚信和透明会带来回报，企业内部的透明同样如此。所有员工都知道该关注什么，从而大大提高对客户的关注。第一家向客户公布此类数据的企业已经出现，这就是位于德国的安联集团，截至本书英文版出版当年，该公司已经连续第三年这么做了。你们可以成为第二家这么做的企业或者第一家这么做的全球企业，走在你的竞争对手前面。你需要耐力和勇气才能长期坚持下去；只有多年的不懈努力才会获得回报，当然，既有助于创造卓越的成果，也有助于发现不足之处。

妥善应对媒体

我听到有人抱怨：在这段培养沟通型领导力的旅程中，媒体不会跟随我们。除非是负面信息，否则媒体不在乎我们的产品和客户反馈。对此我完全不赞同，尤其因为我本人也从事新闻工作，至今仍是意大利记者协会的成员。请尝试与媒体从业者进行 EMMA 练习，他们目睹了网络媒体和全新竞争环境的出现。自从电视普及以来，这是该行业最广泛的一场革命。

如果信息很重要且有意义，那么你会在媒体（包括传统媒体、议程设置媒体、社交媒体等）上找到受众。做所有管理者该做之事：了解利益相关者，找出他们的 EMMA，审视其需求与你的供给在何处匹配，或者创造一种新产品或新服务。紧跟媒体报道，追随媒体的脚步重塑自我，适应互联网驱动的变革。

建设性新闻

那么，记者、小报、媒体是否存在操纵行为？幸运的是，多数都不存在。在过去十年中，人们对媒体日益丧失信任，某些媒体的应对举措给我们上了一堂关于商业信息的宝贵课程：无论如何都不要消极被动。描述消极现象都应旨在从中吸取教训，展示人们如何积极地应对。乌尔里克·哈格鲁普称之为"建设性新闻"。"优秀的报道用两只眼睛看世界。不要错过有关埃博拉病毒、饥荒、加沙爆炸、乌克兰、数百万人因恐怖袭击而逃离叙利亚的重要新闻。但也要看到那些鼓舞人心的积极正面新闻、事件的来龙去脉、投身于非凡事业来解决重大难题的人。要看到大局。"[6]

我们可以从中学到什么商业信息？虽然永远不应回避难题，但当你真的遭遇难题时，可以展示各方对此的建设性处理方式。我们不仅能够学习他人的经验，来自各方的解决方案也可以"鼓舞"我们并帮助我们从现在的处境中脱离出来。

你为什么这么做？因为这是正确的、公平的吗？是的，当然如此，但也因为这么做有助于取得成功。从哈格鲁普主管的丹麦电视新闻大获成功开始，秉持"建设性新闻"理念的媒体通常在覆盖面和受众方面比其他媒体表现更好。

谁是真正的老板

利益相关者之间如何联系，声誉（好的或坏的）源自何处，这并不总是媒体的问题。沟通人员应该认识到组织的小行为对大商机的影响。有时候，迷路是因为我们没有认真做好相关的准备工作。

马丁（Martin）在一家电子工程企业工作，该企业销售从发电厂到大型家电等的几乎所有产品。他接受了成为企业沟通全球负责人的培训，部分培训内容是花费一定时间销售发电厂。某一天，他有一场非常重要的会面，需要拜访一家大型公用事业企业的首席执行官，该企业正考虑从马丁所在的企业购买一座发电厂。马丁为会面做了充分准备，了解了产品的主要特性、安全、技术优势等一切必要知识。他并非工程师，这位首席执行官也不是。后面发生的事情出乎意料。马丁举例说明了发电厂的特性，并强调该发电厂采用了最先进的技术。马丁说完后，这位首席执行官突然问了一个简单的问题："万一出现故障，你们的客户服务如何？"马丁早有准备，随口说出了客户危机手册中的相关规定。他从这位高层领导者眼中看到的是一种高度怀疑的神情。这位首席执行官很快就把肢体语言转变为了话语，他说："嗯，我不支持购买贵公司的发电厂。我的妻子不允许我这么做。"

马丁目瞪口呆。他的妻子？马丁心里咒骂着，责备自己没有做这方面的准备工作。很明显，首席执行官的妻子一定是该公司的工程师或科学家，并且非常有主见。她有主见倒是真的，只不过并非像马丁想的那样，她只是一位家庭主妇。首席执行官解释道："我们从贵公司购买了一台洗衣机。一周后洗衣机出了故障，但你们的客户服务非常糟糕。我们多次与客服人员联系，但他们试图把责任推给我们，指责我们使用不当，而且在电话中给我们读使用说明，好像我们自己不会读。客服人员留下了一堆告诫。到现在仍没人来修理这台机器。你想要让我购买贵公司的发电厂吗？出现故障时你怎么保证不会像客服人员对待我的家人那样？这些产品属于同一家企业，不是吗？"这个例子表明，普通公民的重要性与日俱增，在一笔数百万美元的交易中，客服人员和家庭主妇要比企业代表和首席执行官更有发言权。

坐在司机旁边，但必须有驾照

若沟通部门的主管没有参与执行董事会或执行委员会的决策，企业就不可能通过沟通型领导力来实现发展。有一种说法是，沟通部门的主管不需要成为该机构的成员。但是实际上，我认为这种主张是错误的，会导致其他所有人一切照旧，却把沟通不畅的责任推给该沟通部门的主管。每位领导者都必须成为沟通人员。企业中的沟通人员必须是一位推动者，运用一套深思熟虑的利益相关者治理措施来管理与利益相关者的结构性对话。

因此，与利益相关者对话的管理员必须坐在司机旁边。如果情况并非如此，那就和首席执行官讨论一下。如果执行董事会或执行委员会拒绝让你参加会议，那么你将面临两个选择，其一是下定决心：留在红海中，运用企业沟通的完善的旧工具（危机沟通、媒体关系、内部沟通、社交媒体关系）来提供服务——到此为止了。忘记蓝海吧——发挥自身的职能，利用前文提供的建议，增加企业的利润，从而提高自身的价值。就做一名谦虚的企业公告翻译者吧。

其二是：辞职。我坚信，如果企业没有认识到授权公民的趋势，没有认识到公民对企业的信任能够推动企业的利润增长，那么这家企业迟早会破产。这家企业将无法保留并更新经营许可。如果辞职，你可能会成为第一位逃离沉船的人（我为此感到抱歉）。

请自己购买《终极问题 2.0》(*The Ultimate Question 2.0*)，查找运用净推荐值的企业以及赢得客户热情支持的企业。你会得到一份优秀雇主清单（安联、苹果、乐高、飞利浦、前进保险公司等），它们可能会欣然抓住机会成为称职的蓝海沟通者。把那些不能获得优良利润的顽固雇主抛在脑后吧，加入赢家是更明智的选择。

首席沟通官参加董事会的会议，是检验沟通型领导力的试金石。

尽管如此，仍需要注意：作为一名沟通人员，若你不能胜任这个挑战，那么坐在司机旁边不但没好处，反而有害。执行董事会或执行委员会绝非无所不知。他们必须做决策，决策依据应该来自坐在旁边的沟通人员。沟通人员应该比最高管理层成员更了解普通公民和所有利益相关者对企业的看法。

沟通人员应该对企业的财务状况了如指掌——从内部了解生产产品的工厂，有过购买和销售产品的经历……

沟通人员应该掌握制定决策需要的所有情报。

仅仅坐在旁边，埋头做笔记，礼貌地微笑，会让老板恨不能把你发配到西伯利亚。首席沟通官必须通过传达利益相关者的声音来为决策做贡献，并因此得到准许进入现代亚瑟王的卡美洛[⊖]（董事会）。

正如我与克劳迪娅在 2006 年发表的文章中总结的那样，这意味着专业沟通人员虽然不能对虚荣等最高管理层的常见弊病免疫，但他们有了新的自我意识。许多人想要成为精明的马基雅维利[⊜]式人物，引导无助的沟通人员穿越媒体营造的邪恶迷宫，并通过内部沟通渠道与员工对话。

阿瑟·佩奇协会得出了相同的结论。该协会是一个首席沟通官和研究者构成的兴趣团体，我也是其中的一员。2012 年，阿瑟·佩奇协会开展了一项"建立信念"（A

⊖ 卡美洛（Camelot），传说中亚瑟王的宫廷和城堡。——译者注

⊜ 马基雅维利（Machiavelli，1469—1527），意大利文艺复兴时期政治思想家，将政治与道德分离，主张君主不必受道德观念束缚。——译者注

Building Belief）研究，认为新型首席沟通官遵循的最重要原则是所谓"大规模倡导"，也就是"把行为转变为积极倡导当前的（利益相关者的）共同议程"。[7]

　　沟通型领导力蓝海中的沟通人员为所有管理者赋能，最终为所有员工赋能，从而与利益相关者展开对话。他们不会过分关注自我，而是高度重视沟通。

参 考 文 献

引言

1. 'Trust Meltdown VII: The Financial Industry Needs a Fundamental Restart', edited by Racheline Maltese and Matthias Vollbracht with contributions from Milind Lele, Brian Pallas and Roland Schatz, Innovatio, 2016.

2. www.edelman.com/insights/intellectual-property/2016-edelmantrust-barometer/global-results/

3. *The Ultimate Question: Driving Good Profits and True Growth*, Fred Reichheld, Harvard Business School Press, Boston, Massachusetts, 2006.

4. Deloitte Millennial Survey（2016）. Winning over the next generation of leaders.

第 1 章

1. www.economist.com/styleguide/introduction

2. www.americanpressinstitute.org/journalism-essentials/makes-good-story/

3. www.bullshitbingo.net/cards/bullshit/

4. www.youtube.com/watch?v=yR0lWICH3rY

5. *The Ultimate Question: Driving Good Profits and True Growth*, Fred Reichheld, Harvard Business School Press, Boston, Massachusetts, 2006, p.140.

6. *Enduring Success: What We Can Learn from the History of Outstanding Corporations*, Christian Stadler, Stanford Business Books, 2011, Stanford, California, p.139.

7. *One Report: Integrated Reporting for a Sustainable Strategy*, Robert G. Eccles and Michael P. Krusz, John Wiley & Sons, Inc., 2010, Hoboken, New Jersey.

8. PricewaterhouseCoopers (2007) Corporate reporting – a time for reflection: A survey of the Fortune Global 500 companies' narrative reporting.

9. Statistics for the US come from the following source: SBA Office of Advocacy (2016), United States Small Business Profile. Global statistics come from the following source: Kelley, D., Singer, S. and Herrington, M. (2016) Global Entrepreneurship Monitor 2015/16 Global Report.

10. *The Hidden Persuaders*, Vance Packard, Pocket Books, Inc., New York, 1957.

11. Barton, C., Koslow, L. and Beauchamp, C. (2014). How millennials are changing the face of marketing forever. BCG Perspectives. Retrieved from www.bcgperspectives.com/ content/articles/marketing_center_ consumer_customer_ insight_how_millennials_changing_marketing_ forever/ ?chapter=3#chapter3

第 2 章

1. *Together – The Rituals, Pleasures and Politics of Co-operation*, Richard Sennett, Penguin Books Ltd, London, 2012, p. 18–20.

2. Peter Záboji, *Change! Gestalten Sie heute Ihr Unternehmen von morgen,*

Verlag Moderne Industrie, 2001, p. 213.

3. *Time to Think*, Nancy Kline, Ward Lock Cassell Illustrated, Octopus Publishing Group, London, 1999, ed. 2013, p. 59.

4. Richard Sennett, ibidem, p. 24.

5. *The Financial Times Guide to Business Coaching*, Anne Scoular, Pearson Education Limited, Harlow, 2011, p. 76.

6. Nancy Kline, ibidem, p. 53.

7. Frederickson, Barbara L. (2013) Updated thinking on positivity ratios, *American Psychologist*, 15 July. Advance online publication; doi: 10.1037/a0033584

8. *NLP at Work, Neuro Linguistic Programming, The Essence of Excellence*, Sue Knight, Nicholas Brealey Publishing, London, Boston, Third Edition, 2009.

9. *Love 'Em or Lose 'Em – Getting Good People To Stay. 26 Engagement Strategies for Busy Managers*, Beverly Kaye and Sharon JordanEvans, Berrett-Koehler Publishers, 2014.

10. *The Ultimate Question: Driving Good Profits and True Growth*, Fred Reichheld, Harvard Business School Press, Boston, Massachusetts, 2006.

11. Deloitte Millennial Survey (2014). Big demands and high expectations.

第 3 章

1. *Drive: The Surprising Truth About What Motivates Us*, Daniel H. Pink (2009), Canongate Books Ltd, Edinburgh, UK.

2. *The 5 Languages of Appreciation in the Workplace – Empowering Organizations by Encouraging People*, Gary Chapman and Paul White,

Northfield Publishing, 2011–2012, Chicago, US.

3. *Love 'Em or Lose 'Em – Getting Good People to Stay. 26 Engagement Strategies for Busy Managers*, Beverly Kaye and Sharon JordanEvans, Berrett-Koehler Publishers, Inc., San Francisco, 2008.

4. *State of the American Manager – Analytics and Advice for Leaders*, Gallup, 2015, p.18.

5. *The Wisdom of Teams – Creating the High-performance Organization*, Jon R. Katzenbach, Douglas K. Smith, Harvard Business Press and McGraw-Hill Publishing Company, Maidenhead, 1993.

6. Read also *How: Why How We Do Anything Means Everything ... in business (and in life)*, Dov Seidman, John Wiley & Sons, Hoboken, New Jersey, 2007.

7. Adapted from: Janis, 1972; Baron and Greenberg 1990 and 1996; Zander 1982, as quoted in Furnham, A. (1998), *The Psychology of Behaviour in Organisations*, Psychology Press: London, p. 500–503.

8. http://insights.ccl.org/articles/leading-effectively-articles/the-70-20-10-rule/

9. *Love 'Em or Lose 'Em – Getting Good People to Stay. 26 Engagement Strategies for Busy Managers*, Beverly Kaye and Sharon JordanEvans, Berrett-Koehler Publishers, Inc., San Francisco, 2008.

10. *The AMA Handbook of Leadership*, Marshall Goldsmith, John Baldoni, Sarah McArthur, American Management Association, 2010, US.

11. *Dialogische Führung*, Karl-Martin Dietz, Thomas Kracht, Campus Verlag, Frankfurt/New York, 2007.

12. *The Theory of Moral Sentiments*, Adam Smith, Liberty Fund Press,

Indianapolis, 1982, p. 21.

13. *Empathy*, Roman Krznaric, Rider, an imprint of Ebury Publishing, Random House Group, 2015.

14. Stahl, G. K. et al. (2012). Six principles of effective global talent management, *MIT Sloan Management Review*, 53(2), 25–32.

15. Rynes, S. L., Brown, K. G. and Colbert, A. E. (2002). Seven common misconceptions about human resource practices: research findings versus and practitioner beliefs, *Academy of Management Executive*, 16(3), 92–103.

16. Sanders, K., Van Riemsdijk, M. and Groen, B. (2008). The gap between research and practice: a replication study on the HR professionals, *International Journal of Human Resource Management*, 19(10), 1976–88.

第4章

1. *Business Coaching – Financial Times Guides*, Anne Scoular, Pearson Education Limited, Harlow, UK, 2011, p. 7.

2. Ibidem, p. 1.

3. *Coaching for Performance – GROWing human potential and purpose. The principles and practice of coaching and leadership*, Sir John Whitmore, Nicholas Brealey Publishing, London, 2009, p. 55.

4. http://humanresources.about.com/od/glossarym/g/mentoring.htm

5. *Insolvent und Trotzdem Erfolgreich*, Anne Koark, Insolvenzverlag, Bad Nauheim, 2007.

6. *The Big Five for Life: Leadership's Greatest Secret. Was wirklich zählt*

im Leben, John Strelecky, German edition, Deutscher Taschenbuch Verlag GmbH & Co. KG, München, 2013.

7. *The Cosmopolitan*, Kwame Anthony Appiah, W.W. Norton, New York, 2006.

8. *Monkey Management – Wie Manager in weniger Zeit mehr erreichen*, Dr Jan Roy Edlund, Monenstein und Vannerdat OHG Münster, 2010.

9. 该观点被广泛接受，20 世纪下半叶，社会心理学家吉尔特·霍夫斯泰德（Geert Hofstede）对此进行了深入研究，他提出的文化维度框架在许多领域（心理学、社会学、人类学）都被视为文化研究的基础。

10. Harvard IOP Spring 2016 Poll. Harvard Institute of Politics.

第 5 章

1. *Pragmatics of Human Communication: A Study of Interactional Patterns, Pathologies and Paradoxes*, Paul Watzlawick, Janet Beavin Bavelas and Don D. Jackson, W. W. Norton & Company, New York, USA, 2011.

2. *Buddha's Brain - the practical neuroscience of happiness, love and wisdom*, Richard Hanson, Ph.D. with Richard Mendius, MD, New Harbinger Publications Inc. Oakland, CA, USA, 2009.

3. Ibidem, p. 68–69.

4. Ibidem, p. 1.

5. *Working Identity: Unconventional Strategies for Reinventing your Career*, Herminia Ibarra, Harvard Business School Press, Boston, 2003.

第 6 章

1. *Crime, Punishment and the Halo Effect of Corporate Social Responsibility*,

Harrison Hong and Inessa Liskovich, quoted in *Harvard Business Review*, November 2015, p. 32.

第 7 章

1. 'Schafft die Kommunikatoren ab!' Emilio Galli Zugaro and Claudia Reichmuth in Palais Biron, *Das Magazin für Vordenker*, Baden Badener Unternehmergespräche, Baden-Baden, Nr. 6/Winter 2008.

2. *Global Stakeholder Relationships Governance: An Infrastructure*, Toni Muzi Falconi, James Grunig, Emilio Galli Zugaro, Joao Duarte, Palgrave Macmillan, New York, 2014.

3. www.spiegel.de/international/world/how-thomas-van-lingemapped-islamic-state-a-1048665.html

4. 'Communications Academy 2016.' For non-Allianz companies, www.allianz.com

5. Borner, Maria (2015) *Corporate Listening in Corporate Communication. A theoretical foundation of organisational listening as a strategic mode of communication*. University of Leipzig, Leipzig. (unpublished master thesis)

6. *Constructive News*, Ulrik Haagerup, InnoVatio Publishing, Hanoi, New York, Pretoria, Rapperswil, 2014, p. 4.

7. www.awpagesociety.com/news/arthur-w-page-society-unveilsnew-model-for-corporate-communications/